我對活著這件事過敏

著

邪惡思想、報復心態、偏執行爲？

透過心理學詮釋 31 種情緒壓力，找回崩潰前的自己

怕黑怕死怕封閉 → 為什麼恐懼總是如影隨形？
千錯萬錯 they 的錯 → 為什麼遇到困難會想逃避？
他有的我都沒有 → 為什麼別人碗裡的永遠更好？
他考砸了真痛快 → 為什麼看到優秀者受挫會很開心？

本書列出 31 種負面性格，帶領讀者深入探究灰暗人格的養成，在這個不友好的世界裡，獲得與壓力抗衡的本領！

目錄

前言……005
01・自私解碼……007
02・自負解碼……013
03・挫折解碼……021
04・悲觀解碼……031
05・邪惡解碼……043
06・自卑解碼……051
07・逃避解碼……059
08・失望解碼……069
09・空虛解碼……079
10・吝嗇解碼……087
11・浮躁解碼……095
12・憂鬱解碼……105
13・憤怒解碼……115
14・懷舊解碼……127
15・狹隘解碼……137
16・攀比解碼……149
17・報復解碼……159
18・貪婪解碼……167
19・虛榮解碼……175
20・猜疑解碼……183
21・偏執解碼……191
22・懶惰解碼……197
23・依賴解碼……207
24・欺騙解碼……217
25・焦慮解碼……225
26・害羞解碼……233
27・自閉解碼……241
28・恐懼解碼……251
29・叛逆解碼……259
30・嫉妒解碼……269
31・內疚解碼……277

目錄

前言

現代社會裡，隨著生活節奏越來越快，生存壓力也越來越大。我們在生活與工作間渴望一份快樂的輕鬆，一份自然的寧靜。然而，我們心中的壓抑、氣憤、浮躁和虛榮，往往使這並不過分的渴望成為一種奢望。

毋庸置疑，適當的壓力是一種引導你勇敢生活的積極力量。在橫越一條熙來攘往的馬路時，你就需要短暫的壓力。保持謹慎、警惕的心理以及對危險的意識，才能更安全地穿越馬路。

壓力可以像一股電流，使你精神煥發、精力充沛、表現出色。但是，如果這股電流太強，就可能產生令人不適的影響，使你的狀態急劇惡化。那麼，我們又將如何面對這充滿競爭與威脅的壓力環境呢？

本書充分剖析人性本身存在的31個弱點，告訴你如何正確認識和破解這些弱點衍生出的生存壓力。書中提供了大量極具代表性的事例，同時也指出了解決諸多壓力問題的方法。它像一個認識許久的朋友，給予你動力，指導你更加輕鬆地面對生活，在這個「驚心動魄」的世界中充滿信心地成長。

生命之中或許有許多難以忘懷的情感和體驗，但我們應當堅信：不該留的將隨風而去，該留下的一定會伴我們一生。當你能夠應對生活中的種種變化時，你也即將創造出完全適合自己的解壓方法。這會漸漸地成就你的人生經驗。學會適當地拋下背上的包袱，以免自己被沉重的生活壓倒。

我們由衷地把本書獻給大家，希望本書能讓忙碌的人們重新認識生活，不再錯過人生風雨中那些美好的風景，活得輕鬆自在！

現在，請你在一個午後黃昏，靠著椅背坐下，放鬆心情，讓心靈小睡片刻，盡情享受清風拂過臉龐的那份愜意和美好吧！

前言

01

自私解碼

為別人推開一扇門　亦是為自己留了一條路

01・自私解碼

戰爭結束，一個士兵打完仗後回到國內。在旅館裡他輾轉反側，夜不能寐。午夜時分，他打了一通電話給家裡的父母。

「親愛的爸爸、媽媽，我要回家了。但是我要請你們幫一個忙，我要帶一個朋友一起回來。」他在電話裡輕輕地說著。

「當然可以，」父親回答道，「我們見到他會很高興的。」

「但是，有件事一定要告訴你們，他在那場可惡的戰爭中踩響了一個地雷，受了重傷，他成了殘疾人，少了一條腿和一隻手。他已無處可去，我希望他能和我們住在一起。」

「我們為他感到遺憾。孩子，我們幫他另找一個地方住下，好嗎？」母親說。

「不，他只能和我們住在一起。」這個士兵堅持說。

「孩子，你不知道，這樣他會給我們的生活造成很大的麻煩。孩子，你自己一個人回家吧。他會有活路的。」父母的話還沒有說完，兒子的電話就掛斷了。

這對父母在家等了好多天，未見到兒子回來。

一個星期以後，他們接到警察局的電話，被告知他們的兒子跳樓自殺了。悲痛欲絕的父母來到警察局，在停屍房內，他們認出了自己的兒子。然而，他們驚愕地發現，他們的兒子少了一條腿、一隻手。

看到這一切，父母呆呆地站在原地。

如果這對父母沒有那麼自私的話，他們的兒子就不會死得那麼慘了。

在現實生活中，私欲是一切生物的共性，不同的是，其他生物的私欲是有限的，而人的私欲是無限的。正因為如此，人的不合理私欲必須受到社會道義和法律的制約，否則這個社會就不再屬於正常的社會。

道德、法律的制約和私心雜念是可以合理共存的。如果人性中全是崇高的道德理念，人就不再是人而是神；如果人心中全是私心雜念，無崇高的道德理念，人就不再是人而和動物沒有什麼區別。對於這種心態產生的心理壓力，我們不必太在意，也不能不在意。

另外，自私是一種近似本能的欲望，處於一個人的心靈深處。正因為自私心潛藏較深，它的存在與表現便常常不被個人所意識。有些人不顧社會及歷史規範，一味想滿足自己的各種私欲，卻沒有意識到自己行為的自私；相反地，他們能夠在侵占別人利益時心安理得。因此，自私被視為一種異常心理。

自私並不可怕，可怕的是私欲太重。利令智昏，私欲使人處處以自我為中心，以假公濟私和損人利己為樂事，認為一切事物都圍繞著自己。這種損人利己式的聰明實在是一種卑鄙的「聰明」。

※

古時候，有兩位很虔誠的信徒，決定一起到遙遠的聖山朝聖。兩人背上行囊，匆忙上路。他們發誓不到聖山絕不回頭。

信徒走啊走，走了很長一段時間之後，遇見一位白髮的聖者。這位聖者看到這兩位如此虔誠的信徒不遠千里前往朝聖，就十分感動地告訴他們：「從這裡距離聖山還有五天的路程，但是很遺憾，我在這十字路口就要和你們分手了，而在分手之前，我要送給你們一個禮物！這個禮物就是，你們當中有一個人先許願，他的願望一定會馬上實現；而第二個人，就可以得到那願望的雙倍。」

此時，其中一個信徒想：「這個禮物太好了，我已經要知道我想要許什麼願了，但我不要先講，因為如果我先講了，我就吃虧了，他就可以有雙倍的禮物了。這可不行！」而另外一個人也這樣想：「我可不能讓我的朋友獲得雙倍的禮物。」

於是，兩位信徒開始客氣起來，

「你先講！」

「你比較年長，你先許願吧！」

「不，還是應該你先許願。」

兩位信徒彼此推來推去，不一會兒，兩人就開始不耐煩了，氣氛也變了：「你幹什麼啊，你先講啊！」

「為什麼我先講？我才不要呢！」

最後，其中一個人生氣了，大聲地吼道：「你真不知好歹啊，你再不許願的話，我就把你掐死。」

另外一個人一聽，沒有想到他的朋友居然會這樣，竟然恐嚇自己！於是他想，你這麼無情無義，我也不必對你太有情有義。我沒辦法得到的東西，你也休想得到。這個信徒心一狠，說道：「好，我就先許願。我希望我的一隻眼是瞎的。」

他剛說完，他的一隻眼睛馬上就瞎了，而另外一個信徒也立刻瞎掉了兩隻眼睛。

可見，過分的自私扭曲了人的心理，而心理越貧窮就越自私。一個人越自私，最終會毀滅自己。其實，我們每個人都很富有，我們應該一起分享而不是獨占。

正常情況下，沒有人不關心自己，更沒有人不希望展現自己，實現自己的理想。這一切可謂私欲使然。沒有私欲是不正常的，有私欲而無度更是不正常的。不損人利己，不假公濟私，這是最基本、最道德的私欲標準。

※

「自私」一詞對大多數人來說是貶義詞。然而，在你能滿足他人的需求之前你必須首先能夠照顧自己。學會自我關愛對於你自己來說是極其重要的。

自我關愛圍繞著一個中心，即注意自己的生理、心理、情感及社會需求。它意味著安排好你的時間，優先為自己考慮，當你能夠照顧好自己，才有能力去關照他人。

回答下列問題，可以看看你在自我關愛方面做得如何。

1. 偶爾給自己一些禮物或款待一下自己。
2. 擠出時間進行娛樂活動。
3. 我認為得不時自私一點。
4. 我希望在自己心情不好的時候，有人來關心一下。
5. 我安排諸如度假和外出旅遊等特殊活動。這樣一來，自己就有所企盼。
6. 每天要確保有時間做一些自己願意去做的事情。
7. 我重視身體的保養。
8. 當人們對我提出過分的要求時，我會果斷地拒絕。
9. 出色完成工作時，我會褒揚自己。
10. 我絕不飲酒過量，更不會去主動抽菸。
11. 我有意識地進行鍛鍊，保持健康。
12. 我有意識地空出時間，和我喜歡的人交朋友。
13. 我注意飲食健康，堅持每餐都進食。
14. 我擠出時間，投身於引人入勝的、有意義的興趣愛好和活動之中。
15. 有時即使要得罪人，我也要把自己的需求放在第一位。
16. 我認為其他人有責任解決自己的問題。
17. 我可以為自己制定工作進度但不總是全力以赴。
18. 我要過自己的生活，不按他人的意願過日子。
19. 我避免服用有害的藥物。

20. 我能夠承認並談論自己的優點。

具體說明：

1. 如果每個問題都做得很好：得 4 分；做得一般：得 3 分；做得較差：得 2 分；做得很差：得 1 分。
2. 綜合得分：

- 54 分以上　做得較好：你有很好的自我關愛意識，把自己照顧得很好。
- 40-54 分　一般水準：你把自己照顧得較好，但還能做得更好。
- 40 分以下　做得差：你的生活不屬於自己，你應當學會照顧自己。

自私，意味著你是一個關心自己感受，忠實自己內心的人；自私，意味著你會盡心地愛護自己，照顧好自己的身體與健康；自私，意味著你的生活態度是積極的；自私，意味你能保護自己，不讓自己受到他人的傷害。

02

自負解碼

智慧的人不自以為是　自以為是的人不智慧

02．自負解碼

《三國演義》中的關羽，最大的缺點就是自負。自負使他敗走麥城，身首異處。

當時，劉備入川後，荊州交由大將關羽鎮守。關羽看不起東吳，時時出言貶低對方。當東吳孫權派人向關羽之女為其子說親時，竟說「虎女豈配犬子」，大大地激怒了孫權，導致了吳蜀聯盟的破裂，為自己埋下了隱患。

後來，當東吳圖謀荊州時，守將呂蒙為了避開關羽，故意假借治病為由退回建業，而讓一個名不見經傳的年輕人陸遜接替自己。

陸遜文武雙全，到任後立即派使者帶著他的親筆信和一份厚禮去見關羽。陸遜在信中對關羽大力吹捧，對自己百般貶損，並再三請關羽多加關照，蜀、吳兩家永世和睦。

關羽讀罷書信，認為陸遜不過是個乳臭未乾的書呆子，收下禮品，放聲大笑，隨後下令，把防範東吳的軍隊全部徵調到樊城前線去了。

此外，關羽的驕傲自大，對外不但看不起對手，對內更是不把同僚放在眼裡。名將馬超來降，劉備封其為平西將軍，遠在荊州的關羽大為不滿，特地寫信給諸葛亮，責問說：「馬超能比得上誰？」他目空一切，盛氣凌人，不把任何人放在眼裡。一些受過他蔑視侮辱的將領對他又怕又恨，把與眾人的關係搞得非常僵。

這一切都為其埋下了失敗的禍根。果然，當關羽收取樊城，勝利在望時，忽然得報孫權偷襲自己的後方，並且攻取了公安、江陵等地，關羽慌忙撤軍，企圖回師江陵。但呂蒙老奸巨猾，他攻占公安、江陵等地後，對蜀軍家屬加倍關照。蜀軍將士得知家屬平安，一個個離關羽而去，投降了東吳。

關羽回天乏力，敗走麥城，被呂蒙設計斬殺，荊州從此落入東吳手中。

一代名將關羽因驕傲自負、輕視敵手而導致兵敗、地失、身亡，一世英明付之流水，其教訓何等慘重！我們應該牢牢記住它，藉以警示自身。

那麼，究竟什麼是自負心理？自負心理就是指過高地估計個人的能力，失去自知之明。心高氣傲的人，有的自視甚高，總認為「老子天下第一」，把別人看得一無是處，總認為自己比別人強很多；有的固執己見，唯我獨尊，總是將自己的觀點強加於人，在明知別人正確時，也不願意改變自己的態度或接受別人的觀點。

自負的人一般很少關心別人，與他人關係疏遠。他們經常從自己的利益出發，不太顧及別人。不求於人時，對人缺少熱情，似乎人人都應為他服務，結果落得門庭冷落，導致自己的心理壓力過多，往往會因此做出一些愚蠢的事情。

驕傲自負的毛病是一個人致命的弱點。因為自負，人會在不應該固執的場合固執起來，拒絕別人的忠告和友好的幫助，並且喪失客觀的準繩，進而得意忘形。緊接著相繼而來的就是心理上的壓力。

※

有一個人天生就是「飛毛腿」，跑得特別快，而且經常以此在人前誇耀。有一次，他家被盜，他連忙跑去追賊。看到盜賊背影時，他高喊道：「別跑了，你說什麼也跑不過我！」沒多久，他果然趕過了盜賊，還繼續跑下去。半路上有人問他跑得那麼急要做什麼，他說追賊。又問他，賊往哪裡跑了，他得意地說：「我早就趕過他了，看，現在連他的影子也看不見了！」

顯然，這是一個比較誇張的笑話，現實生活中，這樣自負的「傻子」應該不會存在。然而，這個漫畫般的故事，卻栩栩如生地刻劃出了人的自負心理。

一個人自負心理的產生相對複雜。對此，我們有必要追本溯源一番。

第一，過分嬌寵的家庭教育。

家庭教育是一個人自負心理產生的第一根源。對於青少年來說，他們的自我評價首先取決於周圍的人對他們的看法，家庭則是他們自我評價的第一參考。父母寵愛、誇讚、表揚，會使他們覺得自己「非常了不起」，逐漸就會滋生自負心理。

第二，生活中過多的順境。

人的自我認同來源於經驗，生活中遭受過許多挫折和打擊的人，很少有自負的心理，而生活一帆風順的人，則很容易養成自負的性格。現在的中學生大多是獨生子女，是父母的掌上明珠，加上在學校表現得出類拔萃，受到師長寵愛，就會養成自負的個性。

第三，片面的自我了解。

自負者傾向縮小自己的短處，誇大自己的長處。同樣，他們缺乏自知之明，同時又把自己的長處看得十分突出，對自己的能力評價過高，對別人的能力評價過低，自然產生自負心理。

第四，情感上的原因。

有些人自尊心特別強烈，為了保護自尊心不受傷害，在挫折面前，常常會產生兩種既相反又相通的自我保護心理。一種是自卑心理，透過自我隔絕，避免自尊心的進一步受損；另一種就是自負心理，透過自我放大，獲得自卑不足的補償。

驕傲自負不但不能引起別人的尊重，反將引起他們背後或當面的譏笑。獲得別人尊重的唯一要訣，就是先尊重別人。

※

富蘭克林年輕時，是一個驕傲自大的人。他言行不可一世，處處咄咄逼人。造成他這種個性的最大原因，歸咎於他父親的過於縱容，從來不對他的驕傲言行加以訓斥。

最後，他父親的一位老朋友實在是看不下去了。一次，那位朋友對他說：「富蘭克林，你想想看，你那不肯尊重他人意見、事事都自以為是的行為，結果使你變成什麼樣子呢？人家因你而感到難堪後，便再也不願意聽你那一味自視甚高的言論了。你的朋友們將一一離你而去，免得受了一肚子冤枉氣。這樣一來，你將從此不能再從別人那裡獲得半點學識。何況你現在所知道的事情，老實說，還非常有限，根本不夠用。」

富蘭克林聽了這一番話，大受感動，深知自己過去的錯誤，決定從此痛改前非，待人處事變得嚴謹，言行也變得謙恭和婉，時時慎防有損別人的尊嚴。

不久，他從一個被人鄙視、拒絕來往的自負者，轉變成一個到處受人歡迎、愛戴的人物了。

只要你認清妄自尊大將使與你接觸的人們頭痛不已，對你產生不快的印象，並使你能交到的新朋友遠比失去的老朋友還少，陷入眾叛親離的絕境；試想到了那時，你做人還有什麼趣味？你在心理上又將要承受多大的壓力？

年輕人時常過於狂妄自負，樹敵太多，與同事也不能水乳交融地相處。其根本原因就是他們的語言表達及行為舉止太過鋒芒畢露，以至影響到他人。

※

我的一個同學，在高中時候就擁有「三頭」自負，即筆頭寫得過人、舌頭說得過人、拳頭打得過人。同學們在背後稱他為「三頭」。在學校讀書時，不怕同學，不怕師長，以為大家都比不上他。

初入社會時「三頭」還和在校時一樣囂張跋扈，結果得罪了許多人。還好他醒悟得快，經過好友提醒便連忙負荊請罪，消除了不少的嫌怨。但是無心之過仍然難免，終究還是遭受到挫折。

俗話說，久病成良醫。他在受足了心理折磨後，才知道那些自大的言語與行動，就是自己為自己前途所設下的荊棘。有時為了避免再犯無心之過，就故意效法古人三緘其口，即使不得不開口，也是萬般審慎，雖然「矯枉者必過其正」，但是要掩蓋先天的缺點，就不能不如此。

到這裡，你也許會說，採取這樣的辦法不是將永遠沒沒無聞了嗎？其實只要把握住展現才能的機會，並做出過人的成績，大家自然就會敬佩你、讚賞你。這種表現本領的機會不怕沒有，只怕沒把握住，只怕做出的成績不能令人滿意。如果具有真實的本領，就要留意表現的機會，如果還沒有真實的本領，就要趕快準備。

《易經》上說：「君子藏器於身，待時而動。」無此器最難，有此器不患無此時。鋒芒對於年輕人，有的是害處，而好處卻不大。這種鋒芒好比是額頭上長出的角，額上生角必然會很容易觸傷別人，如果你不去想辦法磨平自己的角，時間久了別人也必將去折你的角。角一旦被折，其傷害也就多了。

任何事物都有其兩面性，自負自然也有其正反兩面。

一般而言，在適當的範圍內，自負可以激發我們的鬥志，樹立必勝的信心，堅定戰勝困難的信念，使我們能夠勇往直前。但是，自負又必須建立在客觀現實的基礎上，脫離實際的自負不但不能幫助人們成就事業，反而還會影響自己的心理健康。

如果你的自負心理超出了範圍，你就必須掌握以下幾點：

- **虛心接受批評**：自負者的致命弱點是不願意改變自己的態度或接受別人的觀點，接受批評即是針對這一弱點提出的方法。它並不是讓自負者完全服從於他人，只是要求他們能夠接受別人的正確觀點，透過接受別人的批評，改變過去固執己見、唯我獨尊的形象。
- **與人平等相處**：自負者往往把自己抬得很高，無論在觀念上還是行動上都無理地要求別人服從自己。平等相處就是要求自負者以一個普通社會成員的身份與別人平等交往。
- **提高自我了解**：要全面的認識了解，既要看到自己的優點和長處，又要看到自己的缺點和不足，不可一葉障目，不見泰山，抓住一點不放，未免失之偏頗。了解自我不能孤立地去評價，應該放在社會中去考察。每個人都有自己的長短處，與人比較不能總拿自己的長處去比別人的不足，把別人看得一無是處。
- **要以發展的眼光看待自負**：既要看到自己的過去，又要看到自己的現在和將來，輝煌的過去可能標誌著你過去是個英雄，但它並不代表著現在，更不預示著將來。

謙虛不僅是做人的美德，而且也是人生最大的智慧。

※

美國南北戰爭時期南方聯盟的戰將傑克森（Thomas Jonathan Jackson），以「天賦和謙遜」著稱。

還是在西點軍官學校時，傑克森便以謙遜著稱。一次名叫「石牆」的戰役，本來是他指揮的，但他卻一再堅持說，功勞應屬於全體官兵，而不屬於他自己。

西點軍校畢業以後，傑克森獲得炮兵少尉軍銜，加盟美軍第一炮兵團，不久即前往墨西哥戰場。戰爭期間，傑克森作戰勇敢，得到連續晉升，戰爭結束時已經是炮兵少校了。為此，總司令斯哥托對他的指揮能力給予了極高的評價，而傑克森從未向任何人提起過這件事。

不過，傑克森並不是視功名如糞土，從1846年的墨西哥戰爭開始時他給他姐姐的一封信中便可以看出，他早就設定了博得大眾注目的計畫，因為那個時候他只不過是一個空有其名的副官。

在他後來的事業進程中，這位勇敢、謙遜而聰明過人的人，巧妙地運用了他向上進取的每一計畫，使斯哥托將軍對他大有好感，在他的麾下，傑克森不斷被提拔。

對此，我們不難看出，傑克森的謙遜具有令人佩服的雙重性。這種人不刻意聲張的，只是那些一定會為人所知道的事情。而當他們至關重要的功績被人們忽略時，他們會立即採取必要的行動來彰顯自己——只是這是一種實事求是的彰顯罷了。

只有過於自負的人才會時時提醒別人自己做了什麼，有時為了凸顯自己，甚至在大眾面前隱瞞自己的過失。像傑克森這樣偉大的人物則不同，他們能超脫這種膚淺的虛榮。他們深知，人們所樂意接受和尊敬的是那些謙遜的人。

另外有一點我們需要指出的是，過度的謙虛並不是一種可取的美德，只有在謙遜與自我恰當結合的時候，才是一個人安撫自己心靈的根本。

古人有「滿招損、謙受益」的箴言，忠告世人要虛懷若谷，對人對事的態度不要驕狂自負，否則就會使自己處在四面楚歌之中，被世人譏笑和瞧不起。這樣處世，怎麼能使自己秉持平和的心態呢？

03

挫折解碼

接受不幸不如接受挑戰　相信命運不如相信自己

03・挫折解碼

在一本書中，哈佛大學的一位教授講過一件這樣的事：

幾年前，他把畢業班的一個學生的成績打了不及格，這件事對那個學生打擊很大。因為他早已做好畢業後的各種計畫，現在不得不取消，這使他非常沮喪。

現在，他只有兩條路可走：第一是重修，下年度畢業時才能拿到學位。第二是不要學位，一走了之。

他非常不甘心，並找這位教授要求通融一下。在知道不能更改後，他大發脾氣，向教授發洩了一通。

這位教授等待他平靜下來後，對他說：「你說的大部分都對，確實有許多知名人物不知道這一科的內容。你將來很可能不用這門知識就獲得成功，你也可能一輩子都用不到這門課程裡的知識，但是你對這門課的態度卻對你大有影響。」

「什麼意思？」這個學生反問道。

教授回答說：「我能不能給你一個建議呢？我知道你相當失望，我了解你的感受，我也不會怪你。但是請你用積極的態度來面對這件事吧。這一課非常非常重要，如果不由衷培養積極的心態，根本做不成任何事情。請你記住這個教訓，5 年以後就會知道，它是你收穫最大的一個教訓。」

後來這個學生又重修了這門功課，而且成績非常優異。不久，他特地向這位教授致謝，並非常感激那場爭論。

「這次不及格真的使我受益無窮。」他說，「聽起來可能有點奇怪，但我甚至慶幸那次沒有通過。因為我經歷了挫折，並嘗到了成功的滋味。」

很多很多時候，我們都可以像那個學生一樣化失敗為勝利。從挫折中汲取教訓，好好利用，就可以對失敗泰然處之。

千萬不要把失敗的責任推給你的命運，要仔細研究失敗的實例。如果你失敗了，那麼繼續學習吧！這可能是你的修養或火候還不到的緣故。世界上有無數人，一輩子渾渾噩噩、碌碌無為，他們對自己一直平庸的解釋不外是「運氣不好」、「命運坎坷」、「好運未到」，這些人仍然像小孩一樣幼稚與不成熟；他們只想得到別人的同情，簡直沒有一點主見。由於他們一直想不通這一點，才使自己的心情倍感壓抑。

馬上停止詛咒命運吧！因為詛咒命運的人永遠得不到他想要的任何東西。

看看歷史上有多少仁人志士在與挫折的鬥爭下完成豐功偉業吧！

司馬遷在遭受宮刑之後，發憤著書，寫出被魯迅譽為「史家之絕唱，無韻之離騷」的名著《史記》。音樂家貝多芬，一生遭遇難以形容的挫折。他 17 歲失去母親，32 歲耳聾，接著又陷入了失戀的痛苦之中。對一個音樂家來說，這樣的打擊是多麼的巨大啊！可貝多芬不消沉、不氣餒，他始終頑強地生活，艱難地創作，終於成為了世界不朽的音樂家。

可見，「自古英雄多磨難」。不管是暫時的挫折還是逆境，只要能把它當作是一種教訓，那麼它就不會在一個人的意識中成為失敗。

挫折固然給人帶來痛苦，但它往往可以磨練人的意志，激發人的鬥志；可以使人學會思考，調整好心理壓力，以最佳方式去實現自己的目的。

※

拿破崙 17 歲時遇到了生命中的第一次嚴重挫折。那時，剛從軍校畢業的拿破崙一心要把法國侵略者趕出他的家鄉 —— 科西嘉。然而，受波旁王朝的矇騙，越來越多的科西嘉人不想戰鬥，甚至甘願為敵人賣命，其中包括拿破崙的父親。

沉重的現實令拿破崙處於一種絕望的狀態，於是他進行了一番充分的分析和對照，他設想了自殺的理由和反對自殺的理由。

自殺的理由：科西嘉同胞已經放棄了尊嚴，對法國征服者卑躬屈膝。法國人已經破壞了科西嘉的文化，家鄉已經不復存在，忠貞的人民理當去死。

反對自殺的理由：生命處於風華正茂之年，幾個月後就將見到闊別已久的「家鄉」了，這是件令人快樂的事情。同法國暴君和卑鄙的朝臣不共戴天，應該活著為科西嘉復仇。

終於，拿破崙從自殺的念頭中跳出來，最後創造了為世人矚目的英雄事蹟和人生傳奇。

挫折是命運對我們的考驗，不解、抱怨、憤怒都沒用，把本領完全表現出來，才能在遭遇挫折時沒有抱怨、沒有煩惱、沒有退卻，只有一心向著目標奮進。

一個身處逆境卻依舊能含笑面對的人，要比一個陷入困境就立即崩潰的人獲益更多。身處逆境而樂觀自信的人，才能使自己的心態平和；遭遇挫折而勇往直前的人，才能使壓力減輕到最低點。

經歷一次挫折並不至於喪失其鬥志，然而不順心的事一旦接二連三地襲來，就是再有毅力的人也需要重新找到積極因素以支撐自己。

我們之中所有的人都或多或少地經歷過挫折，但並不是所有的人都能瀟灑地將這些挫折所帶來的煩惱都拋至一邊。既然如此，我們該如何才能抵禦這些煩惱的侵入呢？

技巧 1：馬上採取行動來解決不順心的事。

不管挫折是大是小，只要它影響你的情緒，你就需要小心對待。

當你的情緒化傷害到了與你關係最親密的朋友或同事，你應該怎樣做呢？你需要做的就是馬上向對方道歉，而不要因為矜持影響了你與朋友或同事間的關係，使自己最終受到影響。努力維繫你認為值得的友誼，否則你會為失去一份珍貴的友誼而後悔懊惱。

湯姆幾個月來一直處在一種焦慮急躁的狀態中，當他意識到自己的急躁可能傷害了邁克時，他在接下來一週多的時間裡無法安心入睡，更加焦慮不安，最後他決定向邁克道歉，再重新建立與邁克之間的友誼。當事態又恢復到往常時，他在反思中意識到自己根本沒有必要這樣忐忑不安，他告訴自己：「等下次，我要馬上採取行動。」

技巧 2：改用你的備選方案。

如果當前事態的進展不順利，你完全可以尋找新的契機，選用替代方案。簡單地說，就是放棄你目前採取的方案，轉而使用你的備選方案。

傑克總想著要住進一個屬於自己的公寓。當他聽說公司在進行調整，而他要保住目前的職位就只有應公司的要求到另一個城市工作。這對傑克來說可能不是一個好消息，但他卻將這樣的調整看成是一種到其他城市去發展、並可以找到一個專屬公寓的機遇。

有時我們制定備選方案只是為了預防不測，也有的時候，我們設計備選方案是為了讓自己盡量不受到消極情緒的侵擾。不管我們是出於怎樣的目的，備選方案意味著改變，而改變就意味著我們不會因為一成不變的模式而變得機械化並喪失活力。

技巧 3：用一種假想的「轉換器」將消極因素變為積極因素。

俗話說「吃一塹，長一智」，經歷挫折有時可以成為一種有用的經驗。如果你認定了與某人的關係肯定是長久的，對方卻出乎意料地與你終結關係，在這樣的情形之下，該如何運用「虛擬轉換器」呢？

此時，應該採取的行動就是向前看，且不妨多花點精力在你的前途和事業上。在以後的工作中，說不定會再遇到一個值得你交往的對象，到那時，再建立長久的關係也不晚。簡單地說，你從挫折中吸取教訓，引以為鑒，使自己變得更好。

克里西對工作充滿熱情，從去年到現在，她一直希望自己能被任命為部門經理。然而就在昨天，他們部門的經理人選終於公布了，那是個從其他部門調來的人。克里西認為自己無論從哪一方面說都比那個人要強。長久的希望終落為泡影，克里西感到沮喪了嗎？她生氣了嗎？克里西儘管不甘心，但她並未因此而自暴自棄，她更加積極地工作，同時，不斷地更新自己的履歷，安排與其他機構面談。兩個月後，克里西被一家競爭公司聘為副總裁。

克里西實際上是在用她的能力、她的工作成就以及她的態度將一種潛在的長期消極情緒轉變為積極的動力。

※

當人遇到重大打擊時，需要及時調適自己。

第 1 步：面對現實，關注你生活中積極的東西。

如果愛已逝去，你不能再重拾往日的快樂；如果你最親近的人去世了，他（她）的精神會與你同在，只是不能再陪伴你左右。在經受打擊後，你最好的辦法就是尋找現存的美好東西，而不只是沉迷於逝去的回憶中。

南茜和傑瑞離婚了，就這樣，傑瑞永遠地失去了他的妻子，而他們唯一的女兒米蘭達現在在外地讀書，她只在週末才回家。整整一年，傑瑞就沉浸在這樣的孤獨和悲慟中。如果傑瑞想重新開始新生活，他就必須面對和接受他孤身一人的現實。

第 2 步：對往事懷有歉疚感是消極情緒的一種延續，它會讓你的態度更加消極。

面對打翻的牛奶而哀嘆是最無用的表現。對過去的錯銘記於心只會讓你感覺越來越糟，最終使自己陷於萬劫不復中。拋開你所有的歉疚感會需要一段時間，但這並不是不可能的。

追憶往事，傑瑞深感自己不善溝通，正因為如此，在他們 10 年的婚姻生活中，妻子南茜並不能從傑瑞那裡感受到快樂。她常常覺得自己被忽視了，而這都是傑瑞的錯。當傑瑞了解到這一點後，他對南茜深感歉疚。然而，當傑瑞意識到如果南茜知道自己現在的狀態後可能會很難過時，他決心振作起來，因為繼續沉浸在這樣的自責中只會傷害自己。

第 3 步：合適地定位自己，加入一個支持你的團體。

每個人周圍都會有幾個與你同病相憐的人，他們與你有著相似的經歷，並以一種非正式的形式定期聚在一起。

當傑瑞應朋友之邀加入一個社區團體時，他完全提不起興趣。抱著能被人了解的一絲希望，他參加了一次聚會。在參加 3 次聚會後，他發現原來與他有同樣經歷的人還真不少，他並不孤單。從此，他努力嘗試著在週末與米蘭達進行交流和溝通，生活態度也逐漸轉變。傑瑞意識到這樣的聚會能使自己更願意打開內心，於是，他將參加社區聚會列為不能錯過的活動。

第 4 步：經受打擊後的烏雲會因為你有新的追求而逐漸散去。

許多人因為失去深愛的人而讓自己從此陷入了委靡不振的生活中，但一旦他們重新振作起來，重新投身實現他們所認定的新目標，便又能找回原來的自己。有的人在失業後會選擇繼續深造，以提高自己的業務能力。他們在努力工作中充實自己，他們在工作中享受快樂。所有積極的活動都能助你恢復到以往的狀態，找回原來自信的你。

每個人都注意到了傑瑞的變化，他目前正開始一種全新的生活，他開始健身，買了輛新車，又開始約會了。他在工作上的進步也非常明顯，這一切都只因為他有了積極的生活態度。

第5步：經受打擊後恢復原來的你是遠遠不夠的，你須創建更高的目標。

在找回原來的自己後，人們經常感到他們應該為自己設立一個更高更遠的目標，他們將為此而努力。

傑瑞經過了3年的時間才接受了他和妻子離婚的事實，他開始重新調適自己身為一個單身漢的生活。他要證明自己，尤其是對女兒，這對他來說就是一種新的嘗試。他想要交流，一種無需語言的交流，他走出了他個人的低谷，他建立了新的目標，他對未來充滿樂觀。

每個人都應該找到屬於自己的人生軌跡，然後努力攀登以達到自己人生的頂峰。在這樣的攀登中，有的人自食其力，有的人則聰明地借助智者、心理學家或精神分析專家的分析找到自己的方向，攀登屬於自己的高峰。

那些經受打擊而又重新振作的人能感受到他們自身的一種內在的成熟，和對積極態度的認可。經歷挫折又重新找回自我的人，會擁有比以往更精采充實的生活。

※

當我們過度渴求他人的鼓勵，難免會忽略來自自我激勵的力量。當我們面對壓力、面對挫折時，學會自我激勵，便能振作起來，直面人生。

自我激勵能幫你挖掘到自己內在的潛能，從而使你擺脫壓力的困擾。嘗試自我激勵吧！下面就是激勵自己的7種方法，不妨試試看。

第一，調高目標。

真正能激勵你奮發向上的是：確立一個既宏偉又具體的遠大目標。許多人驚奇地發現，他們之所以達不到自己孜孜不倦追求的目標，是因為他們的主要目標太小，而且太模糊，使自己失去主動力。如果你的主要目標不能激發你的動力，目標的實現就會遙遙無期。

第二，遠離舒適。

不斷尋求挑戰，體內就會發生奇妙的變化，從而釋放出新的動力和力量。

第三，慎重擇友。

對於那些不支援你目標的「朋友」要敬而遠之。你所交往的人會改變你的生活。結交那些希望你快樂和成功的人，你在人生的路上將獲得更多益處，對生活的熱情具有感染力。因此，同樂觀的人為伴能讓我們看到更多的人生希望。

第四，正視危機。

危機能激發我們竭盡全力。我們往往選擇無視危機，並愚蠢地創造一種舒適的生活方式，試圖使自己生活得風平浪靜。我們不該坐等危機或悲劇的到來，應當主動從內心挑戰自我。這是我們生命力量的泉源。

第五，勇於犯錯。

有時候我們不做一件事，是因為我們沒有把握可以做好。我們感到自己「狀態不佳」或精力不足時，往往會把必須做的事放在一邊，或靜等靈感的降臨。遇到需要做卻又提不起勁的事，要儘管去做，不要怕犯錯。給自己一點自嘲式幽默。抱著一種打趣的心情來對待自己做不好的事情，一旦做起來了必定會樂在其中。

第六，加強排練。

先「排練」一場比你要面對的局面更複雜的戰鬥。如果手上有棘手活而自己又猶豫不決，不妨挑件更難的事先做。生活挑戰你的事情，你定可以用來挑戰自己。這樣，你就可以開闢一條成功之路。成功的真諦是：對自己越苛刻，生活對你越寬容；對自己越寬容，生活對你越苛刻。

第七，迎接恐懼。

世上最祕而不宣的體驗是戰勝恐懼後所迎來的安心感受。哪怕克服的是小小的恐懼，也會增強你對創造自己生活能力的信心。如果一味想避開恐懼，它們會像瘋狗一樣對你窮追不捨。此時，最可怕的莫過於雙眼一閉假裝它們不存在。

04

悲觀解碼

用樂觀做籌碼　把失去的快樂奪回來

有一天，一個國王獨自到花園裡散步，使他萬分詫異的是，花園裡所有的花草樹木都枯萎了，園中一片荒涼。

國王後來了解到，橡樹由於沒有松樹那麼高大挺拔，因此輕生死了；松樹又因自己不能像葡萄那樣結許多果子，也死了；葡萄哀嘆自己終日匍匐在架上，不能直立，不能像桃木那樣開出美麗可愛的花朵，於是也死了；牽牛花也病倒了，因為它嘆息自己沒有紫丁香那樣芬芳；其餘的植物也都垂頭喪氣，無精打采。只有細小的三色堇在茂盛地生長。

國王問道：「小小的三色堇啊，別的植物全都枯萎了，為什麼你這麼勇敢樂觀，毫不沮喪呢？」

三色堇回答說：「國王啊，我一點也不灰心失望，因為我知道，如果國王您想要一棵橡樹，或者一棵松樹、一叢葡萄、一棵桃木、一株牽牛花、一朵紫丁香等等，您就會叫園丁把它們種上，而我知道您只希望我安心地當小小的三色堇。」

也許有人認為，甘心做一株「無人知道的小草」的想法過於消極。可是，在現實生活中，不可能人人都當領導者，必須有人來當下屬。重要的不在於你做什麼，而是能否成為一個最好的你，並深深地接受你自己！

有些時候，人們告訴自己應當快快樂樂地過好每一天。然而，這許許多多的挫折總是給我們心底留下大大小小的傷痕。在舊瘡隱隱作痛的時候，人們往往會覺得太陽也失去了光彩，生活到底有什麼意義呢？在陽光燦爛的日子裡，生活留給人們的卻是沮喪。當你被沮喪的情緒控制的時候，你也許會憤怒，會質問：「我做錯了什麼？難道每一件事都不對嗎？為什麼別人總是比我快樂呢？」

沮喪的人知道「本應該怎樣做才是理想的方式」，然而現實給予沮喪的人最沉重的一擊是：現實往往不是按照人們的期望去發展的。當事情完全悖逆他們所期望的時候，他們會因為「生活欺騙了他們」而萬分沮喪。當他們明知「應該怎樣做」但卻完全不能夠這樣做的時候，他們又會產生很重的愧疚感，這種愧疚使得他們完全被剝奪了享受快樂和適當受寬恕的權利。他們因此自怨自艾甚至自我憎惡。沮喪在這時候牢牢地抓住了他們。

沮喪的人最大的一個錯誤就是他們完全混淆了「行為」和「行為的主體」，他們會認為「我」即是「行為」、「行為」即是「我」。「我」做出了這樣糟糕而不可原諒的「行為」，那「我」就是這樣糟糕而不可寬恕的人。

現在來看一看你為什麼沮喪吧：

- 你接手了一項工作，然而你不能很好地完成它，你失敗了。
- 你認為你做了一件好事，然而謠言嚴重地扭曲了事實，你很難過。
- 你撒謊，然後又為了圓謊而製造更多的謊言，但你真心想做誠實坦白的人。
- 你控制不住自己的情緒，總是說得太多，吃得太多，你還經常遲到。

如果你想擺脫這些悲觀沮喪的情緒，你應該這樣告訴你自己：

「我不應該再把過去的失敗當作套在脖子上的枷鎖。只要我願意，我總會在某一方面取得成就。事實上，我成功的時候比失敗的時候要多得多。我失敗了，我也為我的失敗而難過，但這是可以受到寬恕的。」

「其實我很滿意自己為生活付出了一點什麼，我完全可以無視謠言的存在。只要我自己快樂，就沒有什麼可以令我不快樂。我願意盡我所能做出一點貢獻，給予是美好的。」

「說謊是可恥的，如果我是因為怕受到傷害而說出種種的謊言，那麼我和那些以謊言傷害欺騙別人的人有什麼區別？如果我以誠待人，相信別人也會以誠待我的。如果我因為過於在乎自我的價值而做出不誠實的行為，我還有什麼價值可言呢？」

「如果這樣消極的行為能使我感到滿足，那我是不是只擁有消極的生活？如果我害怕見到我該見到的人，那我可以試著讓自己接受他們。總是遲到也不是辦法。平心而論，不加節制的暴飲暴食，也不能絲毫減輕我沮喪的感覺，只會讓我更悲觀，同時又損害了我的健康。我應該選擇一種更積極的方式。」

試試看，把這樣積極、快樂的言論告訴自己，並努力試著朝這樣的方向去做，你會逐步擺脫沮喪的困境。

不要總是讓過去的事情及感覺拖著你一步步走向絕望的深淵。你所受的痛苦是你以自己的方式去解讀過去的事，從而影響了你的心靈。控制你的行為，使你感到沮喪的不是已經發生過的事，而是你自己，是你對過去種種挫折的看法。挫折使你沮喪，沮喪使你降低對自己的評價，於是你天分中的許多潛能被大打折扣，無法充分顯現出來。

事實上，你不必把指責之箭對準自己。學會原諒自己，原諒他人。無謂的憤怒只會傷害自己。請永遠地埋葬過去，而不是過多地反思過去的那些挫折。

失敗的經驗會成為一個人重新獲得成功的籌碼，但失敗的自責只會讓人的心理備受壓力的折磨。

※

尼克是一家鐵路公司的調車人員，他工作相當認真，做事也很負責，不過他有一個缺點：他對人生很悲觀，常以否定的眼光去看世界。

一天，鐵路公司的職員都趕著下班，大家都早早走了。不巧的是，尼克不小心被關在一個待修的冰櫃裡。尼克在冰櫃裡拚命敲打著，全公司的人都走了，根本沒有人聽得到。尼克的手掌敲得紅腫，喉嚨叫得沙啞，也沒有人理睬，最後只得頹然坐在那裡喘息。

尼克愈想愈害怕，心想：冰櫃的溫度只有攝氏 0 度，如果再不出去，一定會被凍死。他用發抖的手，找了筆和紙來，寫下了遺書。

第二天早上，公司的職員陸續來上班。他們打開冰櫃，赫然發現尼克倒在地上。他們將尼克送去急救，已沒有生命跡象。但是大家都很驚訝，因為冰櫃的冷凍開關並沒有啟動，這巨大的冰櫃也有足夠的氧氣，更令人納悶的是，櫃子的溫度一直是攝氏 15.5 度，但尼克竟然「凍」死了！

學者分析，尼克並非死於冰櫃的溫度，他是死於心中的冰點。他已給自己判了死刑，又怎麼能夠活得下去呢？

「信心是一種心境，有信心的人不在轉瞬間消沉沮喪。」試問我們在日常生活中待人處事時，是否也常否定了自己的能力，以至於錯失許多機會呢？

生活得快樂與否完全取決於個人對人、事、物的看法。如果我們想的都是快樂的，我們就能快樂；如果我們想的都是悲觀的，我們就會悲傷；如果我們想到一些可怕的情況，我們就會非常害怕；如果我們想到的是不好的念頭，我們就不會安心；如果我們想的都是失敗，我們就會失敗；如果我們沉浸在自憐裡，旁人也都會可憐我們。也許有人會說，這麼說是不就是告訴我們：對於所有的困難都應該用盲目的樂天態度去看待嗎？

問題並不是這麼簡單，不過我仍然鼓勵大家要以正確的態度來看待生活。換句話說，我們必須關切自我的問題，但不是憂慮。關切和憂慮之間是有區別的，關切的意思就是要了解問題在哪裡，然後很鎮定地採取多種步驟加以解決。

※

有一次我回家鄉時，遇到一位人力三輪車司機，40 多歲，相貌堂堂。我問他為什麼願意做這樣的工作，他笑著從車上跳下來，並誇張地走了幾步給我看，哦，原來是跛足，左腿長，右腿短，天生的。

我心裡有點過意不去。可他卻很坦然，仍是笑著說，為了能不走路，踩三輪車便是最好的偽裝，這也算是「英雄有用武之地」。他還不時地轉過頭「告慰」我：「我老婆很漂亮，兒子也很帥！」坐他的車，真是如沐春風。

他說，自己沒什麼修養，但有好體力，踩三輪車，很環保，也可養家糊口，一天可賺進幾百元。他有「人生三願」，即吃得下飯、睡得著覺、笑得出來。就因為這「三願」，我多付給了他一倍的車錢，他非常高興。

望著他遠去的背影，我想起了尼采說過的一句話：「那些無法致人於死的事，只會讓人更堅強。」

還有一次在一個演講會場，我有幸見到一位頗具魅力的演講人。他說，每當遇到挫折時，他所說的第一句話一定是：「感謝上帝！」其實他並不信教。他笑著說：「我是感謝上天讓我又有了更了解自己的機會，在哪裡跌跤，也就反映出自己哪裡還可以更強壯，一想到可以變得更好，當然要謝天謝地啦！」

這真是個樂觀的精采演講，他把挫折看成是了解自我的大好機會，並願意從中學習，讓自己不斷進步。

每個人都是自己最好的心理醫生，想要多了解自己，就從多觀察自己開始吧！任何時候都是觀察自己、了解自己、尋找快樂的最佳良機。

人生的幸福、快樂與否，往往並不完全取決於現實的世界，一定程度上取決於我們對世界的看法，亦即對問題的看法。種種煩惱的原因也往往不在於外在事件，而是取決於我們對該事件的看法。

※

在我們社區的花園裡，長著兩排美人蕉，每到夏天，美人蕉便成長得非常茂盛。這兩排美人蕉曾給予我截然不同的感受。

當我情緒煩亂、心情憂鬱的時候，我看到的是美人蕉的枯枝敗葉、雜亂無章，覺得美人蕉的綠實在是俗不可耐，面對凋零和衰敗的花朵，心裡不禁淒涼，感嘆世上再好的東西都無法永留，我們是多麼無能，竟然無法留住一朵美人蕉花，讓它永遠開在蕉枝上。

當我情緒平和、心情愉悅的時候，我看到的是美人蕉的鬱鬱蔥蔥、錯落有致，翠綠的美人蕉生意盎然。絢麗的花朵是它為世界裝飾的一點美，凋零的花朵則是「落紅不是無情物，化做春泥更護花」。在我面前，美人蕉是那麼的美麗、和諧和生氣勃勃。

其實，美人蕉還是那個美人蕉，不同的是我自己的心境。心境的不同竟然能帶來如此巨大的反差，這的確常常令我感到詫異。因此，每當我情緒低落的時候，我總是提醒自己盡快調適心情，設法使自己快樂起來。

下面是「讓悲觀者樂觀起來」行之有效的方法，我現在推薦給讀者，以期共勉。

- **改善情緒**：情緒不佳時人生態度往往較為消極，而一旦心情得到了放鬆，就會同時改善一個人對整個人生的態度。
- **改變角度看問題**：面對失敗，如能把它視為成功之母，那麼心中的陰影也就不那麼濃重了。
- **放鬆表情**：悲觀者的面部常常是呆板甚至是哀傷的，殊不知面部肌肉也總是在與大腦做交流，實際上，輕鬆的表情可以反過來刺激我們的大腦，以更積極、更愉快的方式進行思考。
- **學會幽默**：悲觀者往往不善幽默，不妨多看看喜劇，學會欣賞幽默。

當自己也能時不時幽默一下時，消極的人生可能已出現了轉機。

- **多與樂觀者交往**：這不只是因為樂觀情緒是可以「傳染」的，而是樂觀的人生態度也會互相影響。遺憾的是，悲觀者一般都傾向與悲觀者相處，實際上，當悲觀者與樂觀者交往時，同樣也可以找到「共同語言」。
- **多從正面積極的觀點思考問題**：樂觀派想的往往比事實要好，面對死神的威脅仍鎮定自若，有時，這點信心和勇氣就使他們挺過來了。因為儘管患的都是不治之症，樂觀通達能減少不必要的惡性病變，減少或消除復發的可能性；而悲觀、憂鬱和消極的思維方式極大地削弱了人體內的自然免疫功能，造成心理缺陷的惡性循環，使病人鑽牛角尖，悲觀厭世、自暴自棄，根本談不上珍重自己。

不論是天才還是普通人，在向自己的夢想奮鬥的過程中總會遇到各式各樣的挫折，在這個時候，各種類型的人的表現各有不同。悲觀的人會垂頭喪氣，自嘆時運不濟，喪失了繼續努力的勇氣；虛榮的人則不承認現實，找藉口說自己遇到了無可奈何的阻礙；狂熱分子們對此會毫不在乎。他們不把挫折看作失敗，並以瘋狂衝勁採取同樣的方法再次向挫折發起挑戰。

只有樂觀的人能冷靜、客觀地面對挫折。他們會認真分析失敗的原因，探索新的方法，只要是能夠戰勝的困難，他們絕不迴避。

悲觀過度就會導致心理疾病，而醫治心病，最重要的莫過於自療。正如人們越來越看重身體鍛鍊一樣，時時注意自身的心理鍛鍊，使自己擁有一個健康的心理，比擁有一個健康的體魄更為重要。

生活中我們不難看到，許多身患殘疾乃至身患絕症者，活得積極樂觀；而許多身體狀況正常者，卻活得無聊無趣終日煩惱，進而怨天尤人、自暴自棄，或自閉於超現實的幻想裡聊以自慰。

同樣半杯水，消極者說：「我只剩下了半杯水。」積極者說：「我還有半杯水！」同樣擁有，卻有兩種截然不同的人生態度與價值判斷，也是兩種截然不同的內心自我暗示。

※

小時候，傑恩由於家庭的原因，失去了上學的機會。好幾年過去了，傑恩已經習慣，但是內心仍然渴望著命運的改變。由於沒有一點好運的徵兆，傑恩的心裡感到非常痛苦。

有一天，鎮裡來了兩個算命先生，其中有一個是失明者。他們給很多人算命，大家都說算得很準。傑恩並不相信，但由於不知道自己將來會有什麼成就，便讓他們給他算算命運如何。

那個明眼人看了他的面相和手相，又看了看他的衣著和服飾，一臉嚴肅地對他說：「你的命相不好，這一生不會有多大的成就。」

傑恩不願意接受這個命運，於是他又去找另一個算命先生。失明者算命是用心摸，他仔細地摸了傑恩的臉和手相，以及肩、腿和腳趾頭，然後對他說：「你的骨相很正，一定有一個好的前程，好自為之，不出 3 年你就會有出頭之日。」雖然傑恩不是很相信他的話，但這個暗示使傑恩感到很高興。傑恩心裡一直想能有出頭之日，失明者的話給了他希望。

兩個算命先生算出了兩種截然不同的命運：一個讓傑恩失望，一個給傑恩希望。傑恩選擇了希望。因為人人都希望自己有個好的前途。

從此，傑恩不再消沉，不再悲觀，工作之餘，傑恩開始自學，3 年之後，他考上了一所大學，命運果真如那位失明者說的一樣發生了變化。

很長一段時間，傑恩不明白失明者為什麼能算得那麼準確，後來傑恩在心理學中找到了答案。這就是所謂的心理暗示。

科學研究指出：人是唯一能接受暗示的動物。

美國心理學家做了這樣的測試，他們在一所小學對全班學生說：你們都是天才，前途一片光明。接著，他們又對另一班的學生說：你們智力一般，將來可以從事一般工作。本來這兩班的學生水準相當，一年後，兩班的差異愈來愈大。被暗示為天才的學生個個發憤讀書，課業成績飛速上升，而另外那班學生的課業成績卻不停下降。

心理暗示的力量是如此的強大，可以讓一個人完全改變自己。

暗示是指他人或環境以不明顯的方式，向人類個體傳遞某種資訊，使其無意間受到外在的影響，並做出相應行動的心理現象。暗示是一種被人的主觀意識所肯定的假設，不一定有根據，但由於主觀上已經肯定了它的存在，心理上便竭力趨於肯定的結果。

不善於調適心情的人，長久走不出煩惱的循環，極容易接受消極與虛妄的心理暗示；而善於調適心理的人，如同善於增減衣服以適應氣候變化一樣，能舒適地生活。

不要讓思想的仇敵侵入自己的腦海。要這樣對自己說：「任何沮喪的思緒只要進入我的腦海，就會奪去我的快樂，減弱我的才能，阻擋我前進。我必須立刻用好的思緒，來把它們驅逐。」

我們要如何用好的思緒來驅逐內心的沮喪思緒呢？

- **參加支持小組**：一旦你做出「繼續生活」的決定，你就會需要某些人來交談，而最有效的交談，就存在於你與那些同樣承受著精神折磨的難友之間。
- **閱讀**：在度過最初的沮喪後，集中精神閱讀能啟發自我的書籍，不僅能使你放鬆，更能使你備受鼓舞。
- **寫日記**：許多人能藉由創造一份「經歷不斷增加」的紀錄找到快意。寫日記的過程，正是一種自我心理治療。

- **做計畫**：盼望未來的想法能使人快速進入一個全新的環境，並開始規劃被延遲許久的旅程。
- **獎勵自己**：當人處於非常緊張的狀態，甚至連執行最簡單的日常任務——起床、淋浴、吃飯等，也會覺得氣餒。重視每一個成就，不管它有多小，每個勝利都應該被獎勵。
- **進行體力訓練**：體力活動特別具有療效。一位女士的兒子自殺後，她慌亂且孤立無援。一位朋友勸她加入健美舞蹈班。沒多久，她說：「舞蹈讓我的體力好了一些，而一旦你覺得體力好，精神也會好上許多。」

04・悲觀解碼

05

邪惡解碼

培養善良心地　以平和之心面對一切

盧剛絕對是一位天才。北京大學物理系畢業後，他參加李政道教授主持的嚴格考試，從數百名佼佼者中脫穎而出，順利取得公費留學資格。

在美國學習期間，他參加博士資格考試，與同窗山林華並列第一。兩人平時的課業成績難分伯仲，硬要比較的話，山林華博士的論文更受學術界的肯定，並因此被系所推薦，獲頒 DOS 學術界榮譽獎，而盧剛卻落空了。

山林華比盧剛晚兩年來到愛荷華大學，拿到學位的時間卻比盧剛早半年。畢業後，他被系裡留下來繼續做博士後研究，盧剛的博士論文卻沒有在口試時當場通過。1991 年 5 月盧剛拿到博士學位後，始終沒有找到工作，雖然是公費留學，他也不願意回國。

因此，他非常嫉恨山林華和那些大學教授，認為是他們妨礙了他的發展道路。1991 年 11 月 1 日下午 3 點半左右，盧剛在愛荷華大學凡 · 艾倫物理系大樓三樓 309 室舉行的天文物理研討會上，用槍聲來發洩自己的憤怒和怨恨。

他平靜地聽了 5 分鐘的報告後，拔槍向在座者射擊。他先是開槍擊倒了他的博士研究生導師戈爾咨教授，繼而向史密斯教授開了兩槍，然後將槍口指向了他一直嫉恨的山林華博士，連開數槍。

接著，他跑到二樓，推開系主任辦公室的門，一槍射殺了系主任尼克森教授，又返回三樓。當他看到史密斯教授還沒死時，又對著他補發了致命的一槍。

之後，他跑到大學行政大樓，朝副校長安妮 · 克黎利女士的胸前和太陽穴連開兩槍，又向拿起電話報警的女祕書脖子上開了一槍。至此，盧剛才舉槍自盡。

整個凶殺過程只有 10 幾分鐘，6 人死亡，1 人重傷。這幾名教授遇害，對美國的太空物理研究學術界影響極大。

事後對盧剛事件的調查和分析，指出盧剛是個典型的人格障礙者。

他個性孤僻、不合群，難以相處而且攻擊性強，很少人願意和他來往。同時，他也是一個內心非常脆弱的人，認識他的同學說：他看問題的方式與一般人截然不同，凡事都往陰暗面想。

盧剛雖然擁有高智商，人格卻存在著嚴重缺陷，加之不能控制自己的情緒，稍不留意，在失控的狀態下就走向了邪惡的一面。他帶給人們的震驚和影響是深刻而沉重的。

失控的情緒會使人走上邪惡的道路，而邪惡正是顛倒黑白的劊子手，它會給自己、他人和社會帶來危害和災難。

※

19 世紀著名精神分析學專家佛洛伊德認為，人格是由本我、自我、超我三個部分組成。

本我是指與生俱來的各種本能，是一種無約束的本能衝動，也是無意識的核心和一切精神能量的源泉，它的表現和釋放通常是遵循快樂原則，滿足本能的需求；自我的主要任務是協調或調節本我與超我之間的關係，調和本我與外部世界的關係，它不希望本我能為所欲為，但又常常被本我鉗制著，自我的特點是思維的客觀性和邏輯性；超我是指個人所處環境的社會和文化規範，亦即良心、道德心、自我典範、社會和文化的價值標準，其作用是對自我產生法官的作用，對自我對本我進行稽查。

這三者之間的關係以具體形象比喻就是：本我像是一匹烈馬，自我是駕馭烈馬的主人，超我是駕馭的方向和標準。三者如果和諧統一，便是達到了和諧完美的境界。

佛洛伊德的理論假設很有參考價值。情緒的本能性必須受到有效的控制，否則，它將把自我帶向毀滅。對本能情緒的有效控制，實際上就是戰勝本我的勝利。

可是現實生活中又有多少人因沒有戰勝本我而走上邪惡的道路呢？如同盧剛事件的悲劇在生活中屢見不鮮，2004 年 2 月，又發生「雲南大學馬加爵殺人事件」。

據媒體報導，馬加爵屬於大學校園裡「沉默的大多數」。一位心理醫生對馬加爵進行分析，認為他屬於「思考理性，內心敏感」的人。

馬加爵的壓力主要來自兩個方面：一是家庭的貧困，二是人際交往上的障礙。這兩個壓力，困擾了他大學四年的生活，一直讓他深感自卑。

案發前幾日的一天，馬加爵和邵瑞傑等幾個同學打牌，邵懷疑馬出牌作弊，兩人當眾發生爭執。期間，邵說：「沒想到你連玩牌都玩假，你為人太差了，難怪龔博過生日都不請你……」

邵瑞傑是馬加爵自認為最好的朋友，而邵的這句話對內心極自卑的馬加爵造成了「毀滅性的打擊」，他感覺自己長期以來努力維繫而且深深依賴的社交關係驟然崩潰。

但是，這句話只不過是條導火線。馬加爵的鬱悶積蓄已久。「我覺得我太失敗了」、「我覺得他們都看不起我」、「他們老是在背後說我很怪，把我的一些生活習慣、生活方式，甚至是一些隱私都說給別人聽。讓我感覺是完全暴露在別人眼裡，別人在嘲笑我。」馬加爵後來向警方這樣承認道。

在種種壓力之下，馬加爵露出了邪惡的本性。他在宿舍用錘子先後殺死了 4 名同學，走上了毀滅的道路。

是什麼使馬加爵走上了犯罪的道路呢？

一位專家曾評論說：自幼在升學教育環境中長大的馬加爵缺少品德教育，缺乏對生命的敬畏，所以在面對自己朝夕相處的同學時，才會表現得像屠夫一樣。

不少權威研究人員指出：大學生是一個特殊的族群，社會要求高，個人成長欲望強烈。然而，由於心理發展處於尚未成熟階段，缺乏社會經驗，加上適應能力不足、情緒不穩定，身心失衡常常發生，是狀態不穩定的族群。

※

根據報導：君君是某學校餐旅科的學生。一天晚上，宿舍已經熄燈，君君突然聽見有人在門口喊她的名字。宿舍的門隨即被撞開，三四個其他班的女生衝進來，不由分說便把她拉進了對面的宿舍。

這間宿舍中有 10 幾個女生，其中幾個在抽菸。曾和她因瑣事發生過爭吵的閻某說了句：「今天就是要打妳！」說著就在君君臉上打了一記耳光。接著其他女生擁上來輪流搧君君巴掌，有人用木屐往君君的頭、臉部用力地打，還有人狠掐她的身體。

一陣拳打腳踢後，君君被打暈倒在地上。

其中幾個女生還不解氣，就在她身上連潑了兩盆冷水，君君醒過來後又被「教訓」了一頓，這才迷迷糊糊地被抬回了宿舍。因為同宿舍的人也受到威脅，當晚沒人敢接近她。直到次日中午，幾個室友才湊錢送她去醫院。

因為受到威脅，君君一直不敢跟父母和老師說，直到有一天她從學校回家，洗澡時被媽媽發現遍布全身的青紫傷痕，家長才發現真相，並向學校反映此事。

之後，校方和君君的父母一起將她送至醫院。經過醫生檢查，發現君君被打後身上還留有傷痕，而且頸椎反曲，椎間盤也有輕度突出，左臂一直麻木。

搧耳光、脫衣服、潑冷水……這一系列「暴行」居然發生在一群少女身上，說明品德教育是何其重要和迫切。

美國教育學家也曾指出，缺乏品德教育是美國校園霸凌事件的禍根。

科羅拉多州丹佛市郊哥倫拜恩中學發生 15 條人命血腥槍殺事件後，紐約市教育局宣布在全市各中學加強安全措施，以消除學生們擔心會淪為受害者的恐懼。

當地一名 14 歲的國中生布瑞難掩心中的驚悸。他說，這麼恐怖的事都可能在一向風平浪靜的科州發生，他不敢想像同樣事件如果發生在人口稠密的紐約會造成多麼悲慘的結果。

布羅倫賽斯羅中學 15 歲的學生奧爾瓦茲希望學校能有效防止此類不幸事件發生，因為他的許多同學由於害怕不想再去上學。

教育學家們指出，防範校園暴力事件最好的辦法是實行「槍枝管制」與「心理教育」。在哥倫拜恩中學發生的血案更能證明缺少「品德教育」是現今美國教育制度的一個致命傷。

但丁說：「人不能像走獸那樣活著，應該追求知識和美德。」

人活在世，首先要講「德」，要知道，所有的罪惡之源，就是缺乏道德規範。只有「仁德」才是理性的光輝，它能讓你的心不蒙灰塵。

人若以實踐「仁德」為精神歸宿，就能超出眼前的貧富貴賤和利害得失，也就能擺脫憂慮和煩惱，達到心靈的寧靜和恬愉。

當你恪守道德，關注自己的道德標準時，你的心靈便會充滿輕鬆和慰藉，這時的你才能夠朝著自己的目標前進。當你違反自己內心的道德標準時，你的內心就會嚴重失衡，你會感到生活出了問題，矛盾重重。

古語云：「人之初，性本善。」這句話人人都知道，但是長大的我們心中是否還留有這一份善呢？也許我們有，也許我們的心早就被別的誘惑塞滿了，不再有善的蹤影。在這個世界上，貪欲與邪惡、自私與狡詐正造成前所未有的威脅。然而，善良依然是這個世界最動人的力量，它使我們充滿力量與勇氣，使我們的心靈不再承受壓力的折磨。

※

據報導，德國非常重視孩子的品德教育，這種「品德教育」從生活中的各方面入手。他們的做法很值得我們借鑑。

- **品德教育可以更好地培養孩子的善良品行**：身為家長，我們不可以在孩子面前推翻他們在學校、幼稚園裡培養出的品德觀念，在生活的各個方面都應循循善誘，使他們在身體健康成長的同時，善良的品行也能「健康成長」。
- **品德教育有助於孩子形成良好的公民道德意識**：前幾年，有報導指出，某校大學生以打撈手機為由，將兩名工友騙入校內冰冷的水池，引來許多在校學生圍觀。這些大學生之所以如此，就是因基本品德觀念的缺乏。試想，缺乏善良品行的大學生，又怎麼能成為國家的棟樑呢？
- **品德教育是推動國家建設的基本要求**：在加強對孩子品德教育的同時，我們每個人都應該用善良的行動，去影響和引導他們，教育他們以善良的品行開始善良的人生。應當說，品德教育是我們這個社會不可或缺的重要一環，它希冀著人生美好的未來，以善良之心對待人生，這是一個人應當一生追求的道德規範。

時刻培養孩子們的品德教育是我們整個社會刻不容緩的責任。

生活中有很多時候我們會被他人所需要，而這時常對我們來說只是舉手之勞。一個微笑、一句溫暖的話，都可能對他人有著莫大的幫助。生活中不乏需要鼓勵的人，受傷的心需要安慰，還有的人需要我們拉一把或者是付出同情心。

對於那些絕望中的人，一次溫暖有力的握手，一個真誠理解的眼神，一句友好、激勵的話，也會使他們恢復勇氣，找回自信，成為人生的一個轉捩點。

在這個世界上，善良是最感人的力量，正是因為善良，我們不再孤單，不再冷漠；因為善良，我們感受到愛，感受到溫暖；因為善良，我們一次次淚流滿面，一次次勇敢地前進。

06

自卑解碼

在內心撒下自信的種子　才能成長為一棵參天大樹

出身貧困家庭的韓雪以優異成績考上國外一所知名大學，在她準備到該大學報到前，親朋好友都為她能考上這樣的好大學而感到自豪，她自己也慶幸能有這樣的好機會。

但是，韓雪的興奮並沒有延續多久。她在大學裡過得很辛苦，上課常常聽不懂，許多同學都知道的事自己卻一無所知，而許多她知道的事大家卻又覺得好笑。

慢慢地，她開始後悔到這所大學讀書。她不明白自己為什麼要出國承受這份羞辱，同時更加懷念在家鄉的日子，在那裡，她始終是第一的。感到孤獨無比的韓雪，覺得自己是這所大學裡最卑微的人。無奈之下，她求助於心理諮商。心理醫生如此診斷她：

她已跨入了新環境，可她卻始終懷念過去；她對於生活的種種挑戰，總是不斷地逃避，並不斷地哀嘆自己的無能與不幸；她習慣了當羊群中的駱駝，不甘心當駱駝群中的小羊；她以高中生的學習方法去應付大學生的學習要求，自然是格格不入，可她仍然抱殘守缺，不知如何變通；她因為自己出身貧困，外語能力不佳，做事傻里傻氣，就認定周圍的人在鄙視她、嫌棄她。可是她沒有意識到，正是因為她的自卑，才使周圍人無法接近她，幫助她；她多年來最突出的優點就是功課好，然而，面臨來自各地的「高手」，她已再無優勢可言。

她在各方面的優勢已今非昔比，這就徹底打破了她多年的心理平衡，使她陷入了空前的困惑中。她悲嘆自己出國是個錯誤。可是卻忘了，多年來撐著她的，正是這個留學夢。雖然她戰勝了許多競爭對手進入這所大學，卻在困難面前輸給了自卑。

怨的全是別人，嘆的全是自己。難怪她會在這所大學裡產生自卑的感覺。只有跳出昔日的框架，全身心地融入新環境裡，才能重新振作起來。

從上面可以看出，韓雪的問題核心就在於：她往日的心理平衡被徹底打破了，她需要在大學裡建立新的心理平衡點。

我們看到，韓雪已陷入自卑的沼澤，認定自己是這所大學裡最卑微的人，這說明她過度重視那些使她痛苦的經歷，看不到自己在新環境中生存的價值。因此她首先需要學會的，是不良情緒的發洩以及心態調整，使自己能夠積極地面對新生活。

另外，我們可以看出，韓雪的自卑是在與其他同學的比較中所形成，她感覺自己處處不如別人，事事都不順心，因而以為自己是天鵝群中的醜小鴨。在讀大學之前，她的課業成績一直很好，但進入大學後，由於遇見更多優秀的人，她的成績自然難以出眾。

這樣的心理反差，使韓雪產生了自己是大學裡最卑微的人的錯覺。她沒有意識到自己的心情落差全來自與他人的比較。和以往同學的比較時，她獲得的全是自尊與自信；但和現在的同學比較時，她獲得的全是自卑與自憐。

因此，韓雪要克服自卑心理，就要懂得在新的環境裡，學會多與自己比，而不是與別人比。

接下來，只要韓雪及時採取具體行動，理清學習中的具體困難並制定相應的學習計畫加以克服和改進，同時和其他同學建立友誼，就能重新感覺到自信心的成長。如此一來，她就會從緊張、恐懼、自卑的束縛中解脫出來，成為真實的自我。

※

一個人若被自卑感所控制，其精神生活將會受到嚴重的束縛。我們可以說，自卑是一條束縛創造力的繩索。

一個人產生自卑感的原因很多，所處家庭的狀況好壞，從事職業的不同，身材的模樣，相貌的美醜等都可能使人產生自卑心理。

當周圍很多出色的人都擁有比自己更明顯的特長，便非常容易使人相形見絀，產生自卑感。這時候自卑感產生的主要原因是，以己之短比他人之長，將焦點聚在自己的短處上，越比越覺得自己不如別人，不由得悲從中來，做什麼事都沒有動力，連一點小小的困難也難以克服，對自己喪失信心。所以，自卑感對人的危害相當大。

讓我們來看看美國著名作家諾曼 · 文生 · 皮爾牧師（Dr. Norman Vincent Peale）是如何「擦」去自卑感吧！

皮爾在高中時代是一個十分內向的人，事實上，他的自卑感很深。要如何消除這種自卑感過正常的生活，是他當時最大的苦惱。

實際上，皮爾是一個具有遠大目標的人，可是，他一方面精力十足、熱情洋溢，另一方面卻又覺得無力感且缺乏自信，導致他總是苦惱不堪。

這樣的日子在高中時代困惑了皮爾 3 年，幸運的是他在大學時代遇到了一位心理學教授。

顯然，教授早就從皮爾的神態看出了他的苦惱。有一天教授要皮爾下課後留下來。教授盯著他看了一陣後說：「皮爾，你有什麼問題嗎？我知道你很用功，能完全掌握我授課的內容，可是除非我指名，你絕不會主動發言，就算發言了也是一直紅著臉，結結巴巴的。為什麼你會這麼緊張且難為情呢？」

教授不讓皮爾有解釋的機會，接下去說：「我知道，你感到自卑，而且把這份自卑感默默悶在心裡。現在它已經膨脹得令你束手無策了。你認為大家都在看著你，自以為成了眾人矚目的焦點，其實，這種想法太以自我為中心了。」

這時，教授把一塊橡皮擦放到皮爾面前的桌子上，並盯著他說道：「你看這塊橡皮擦多麼了不起。它能把錯誤的地方擦掉，使紙張變得乾淨。」

接著，教授拿起橡皮擦，並把它用力地丟到桌子上。橡皮擦在桌子上歡快地跳動，簡直像是一名舞者。

「你瞧，橡皮擦具備多好的彈性！你也應該像它一樣，把不該有的自卑感擦掉，全力發揮上帝賜給你的彈力！只要有信仰，一定能去除恐懼。現在你陷入了恐懼之中。恐懼得不敢按照自己的意志行事。但是只要你願意改變，你就能改變。」

教授的話講完了，皮爾搖晃著走出了教室，心中百感交集，覺得既憤怒又受挫，卻又奇妙地感到了希望。走下長長的樓梯時，他的腳步突然停住了。

當時的情形皮爾記得很清楚。就在他踏出那一步時，他人生中最大的轉機發生了。他突然領悟了教授所說的話，更幸運的是，他知道自己該怎麼做了。

為了消除自卑感而付出努力對我們來說也絕非易事，不是短時間就能解決的。消除根深蒂固的問題需要很長的時間、忍耐力和堅定的意志。與困難的問題鬥爭，堅強的韌性是最重要的。輕易承認失敗，會成為解決問題的一大障礙。我們應該以積極的態度，無所畏懼地面對問題。

奧地利心理學家阿德勒認為，克服自卑須正視以下三個問題：

1. 每個人都是根據他人對自己的評價，並透過與他人比較來判斷自己的長處和短處。有的人在與他人比較的過程中，習慣於用自己的短處與他人的長處相比較。結果，越比較越覺得自己不如人，越比越洩氣。只看到自己的不足，而忽視了自己的長處，久而久之就產生了自卑感。
2. 人們在應付某種情況時，如果經常產生「我難以應付」的消極自我暗示，就會抑制自信心，增加心理緊張，束縛自己手腳，使自己的能力不能正常發揮而導致失敗。這種結果又成為一種回饋，印證了低估自己的意識。這樣的惡性循環，使自己蒙上了自卑的陰影。

3. 在人生的旅途中，每個人都有可能經歷各種挫折，如遭受打擊、失戀及工作遭受失敗等。挫折會使人有各種反應，有的人從挫折中經受鍛鍊，增強對環境的適應能力；有的人則變得消沉、冷漠，這就很容易給自己蒙上自卑的陰影。

自卑感是使人前進的反作用力，由於自卑，人們會清楚甚至過分地意識到自己的不足，這就促使你努力糾正或者以別的成就（長處）彌補這些不足，這些經歷將使你的性格受到磨礪，使你的心理更堅強。

※

在大學時代，有個人被全班公認為最卑微的人。大學畢業時大家揮手告別，許多人預言 10 年後的同學會中，他將會是最失敗的人之一。

10 年後的同學會如期舉行。當年許多意氣風發、壯志凌雲的同學如今被生活磨礪成了一言不發的旁觀者。只有他 —— 那個被公認為將是最失敗的人還是和當年一樣平凡得如一粒塵土，不出眾，不顯眼，也不高談闊論。

聚會到了高潮，每人依次上臺講述自己的生活現狀和理想，還有對目前生活的滿意程度。大多數人的現狀都比不上當年跨出校門時的理想，幾乎沒有任何人對目前生活感到滿意。

他上臺了：「我目前擁有數家公司，總資產達到數千萬元，遠遠超過當年走出校門時的願景。如果說還有什麼遺憾的話，就是我認為自己離那些我所欣賞的成功者還很遙遠。是的，無論是在學校還是步入社會時，我一直很自卑，感覺每一個人都有專長，都比我強。所以我要努力學習每一個人的特長，並且丟掉自己的缺點。但我發現無論我如何努力也總是無法趕上所有的人，所以我就一直自卑下去。因為自卑，我把遠大理想埋在心底，努力做好手頭的每一件小事；因為自卑，我將所有的偉大目標轉化成向別人學習的一點點的進步。每進步一點，就戰勝一個自卑的理由，同時又會發現一個自卑的藉口。這樣，永遠讓自己處在自卑之中，我就會獲得源源不斷的前進動力。」

學會自卑，為了生命中期望已久的成功。從某種角度看來，當自卑化成了謙虛，化成了上進的動力，又何嘗不是一種自信呢？

你若表現得自卑，那是由於你有不少根深蒂固的自卑觀念阻礙著你。由於這些觀念主要產生於孩提時期，並隨著時間的推移而淡忘；因此，在對它們提出挑戰之前，你需要辨識出它們，把它們從意識中劃分出來。

首先，要了解是什麼阻礙了自己獲得自信。

- 說自己想要什麼很自私。
- 別人應當知道我想要什麼。
- 改變主意是錯誤的。
- 人們不該討論自己的情感。
- 我若說出真實的想法，就會失去朋友。
- 如果我拒絕了，人們就不會喜歡我。
- 我絕不能因自己感到煩惱而增添了他人的負擔。

現在，我們知道了是什麼阻礙了自信心，那麼自信該如何樹立呢？

- 不要輕視自己。用「我」這個詞來要求自己追求想要的一切並學會自信。
- 實踐。自信是從實踐中獲得的，第一次滑冰時你可能會摔倒，但是經過不斷的練習，你可以像別人一樣成為一名滑冰高手。

- 設想自己的成就。思想上對自己計劃取得的成績進行多次彩排。把注意力集中到自己的認知和感受，甚至是自己所品嘗到，聞到以及聽到的一切上。
- 不要責怪自己。忽視或者挑戰自己內心的責備聲音：「我做錯了，我做什麼都不行。」積極對自己說：「下一次，我肯定將一切做好。」
- 學會從自己的錯誤中汲取教訓。一旦犯了錯誤，不要責備自己，而應從中汲取經驗教訓。
- 善待自己。不要懲罰自己，學會善待自己並多給自己鼓勵。
- 多與那些使你感覺良好的人來往，避開那些損害自己自信心的人。

07

逃避解碼

勇敢承擔責任　不辱自身使命

張經理剛剛在銷售部上任 3 個月，他手下的銷售代表小王被客戶投訴貪汙返利，經過審計部門調查，情況屬實，並且返利單據上面還有張經理的簽名。這件事使董事長大為惱火，於是他親自來到銷售部質問此事。

「我不知道你是怎麼當經理的，」董事長對張經理說，「你手下的銷售代表還敢貪汙客戶的返利，這麼長時間了，你居然不知道？而要等客戶投訴到我這裡才知道。你是怎麼管理你的銷售部的？」

「董事長，這不是我的錯。」張經理辯解道，「按照流程，小王的返利單報到我的助理那裡，她審一下，整理好就給我簽名，我的工作也很多，可能沒有看清楚。」

「這不是你的錯，難道是我的錯嗎？」董事長很生氣，接著他反問道，「是沒有看清楚那麼簡單嗎？你的工作比我多嗎？」

張經理無奈地說：「是我工作的疏忽，回頭我會和助理商量改進工作的流程，並要求公司處分她，也請處分我。」

「處分助理能挽回公司的損失嗎？這件事應該負全責的是你！」董事長對於張經理這種模糊的態度更氣憤了。

「是這樣的，」張經理繼續辯解道，「董事長，你也知道我剛來，銷售部很多關係還沒有理順，我們都知道這個助理很能幹，在工作上是一把好手。但我和她的關係存在一點問題，還沒有理順，有時我甚至要順著她的意思來簽署檔案。我畢竟是新來的，正在適應的階段，我保證今後這樣的事情一定不會發生了，請再給我一次機會吧！」

「本來我過來說是想了解一下事情的原因，並不是要處理你的，不過現在得考慮一下你的能力問題了。」董事長很是失望地說道。

你是否經常聽到有人這樣說「這不是我的錯」呢？即便這種話不是每天都能聽到，你也會看到許多人在抵賴狡辯，或者為了推卸責任而指責別人。或許，你也會發現自己有這種習慣呢。

生活中的事情難以盡善盡美。有時你會想：「為什麼倒楣的又是我呢？」你犯了錯誤、判斷失誤、記錯事情、受人干擾分了心。你沒辦法做到無所不知，因而有時會在常識方面有所欠缺。誠然，有許多在所難免的錯誤可以澄清、解釋並加以改正。但是，人們有時還會故意搗亂，然後再編造藉口或尋找漏洞以逃脫懲罰。如果指責無關痛癢，人們就不必為那些小小的失誤或錯誤行為解釋開脫了。

但是，指責往往會引起不快和懲罰。為了避免這些不快與懲罰，許多人想盡辦法逃避責任，比如轉移批評、推卸責任、文過飾非等等。

※

卡爾有 4 個孩子，3 男 1 女，都還不到 10 歲。讓人驚奇的是，他們中不管誰惹了禍，卡爾得到的回答都是同樣一句話：「爸爸，這不是我的錯！」要知道，家裡有 4 個調皮的孩子，出亂子是家常便飯 —— 出門時將玩具丟在外面，早餐忘在廚房，明天要交的作業放在學校裡忘了拿回來做等等。

但是，每當卡爾和妻子黛比看到他們惹是生非，不管問哪一個孩子，說的都是那句話：這不是我的錯！現在，卡爾總算明白這句話從孩子口中說出來時到底是什麼意思。當然，卡爾並不會因為孩子們這樣的回答而責備他們，他能理解孩子們為什麼要這樣說。

小時候你可能也像卡爾的孩子那樣，出了事會撒點小謊，隨便找個擋箭牌：一陣風、一隻鳥，或是某個兄弟，只要不是自己！再次強調，我們並不是說年輕人可以逃避責任，只是說這是可以理解的。

但是，當人成長至某個階段，「這不是我的錯」這句話就再也不會被接受了。每個人的生命中，都會有某個時刻，必須要站起來說：「不要因為逃避而推卸責任了！」

「這不是我的錯」是一種全盤否認，而否認是人們在逃避責任時的常用手段。當人們乞求寬恕時，這種精心編造的藉口經常會脫口而出。

在大多數情況下，找藉口逃避責任的人往往都能僥倖逃脫。他們因逃避掉本應付出的代價而自鳴得意。這種心理效應使人普遍傾向逃避責任。正因為這類「免罪」的藉口經常能夠獲得部分或完全的成功，人們才會使用這種手段。

為了免受譴責，多數人都會選擇欺騙，尤其是當他們明知故犯的時候。這就是所謂「罪與罰兩面性理論」的核心內容，而這個論斷又揭示了這一理論的另一面。當人明知故犯時，除了編造出敷衍他人的藉口之外，有時也會給自己找出另外一個理由。

※

安吉沒有按時完成小組工作計畫中自己的那一部分，她給自己的理由是她需要時間才能進入狀態。而當同事們問起她延誤的原因時，她卻對他們說自己生病了。

另外，人們在逃避指責時，經常會含糊其辭，故意隱瞞關鍵問題，乾脆靠撒謊來逃脫批評與懲罰。比如說，工作拖拖拉拉的人多半不會輕易承認:「我的報告交得遲是因為我不喜歡做煩人的工作。我才不在乎我的延誤會不會對別人造成影響呢。」相反，他們常常會說:「我昨天去醫院了，我的岳母病了。」或是其他一些誇大其詞的謊言。

編造藉口可以博取同情。一旦贏得了同情，那些工作拖拖拉拉的人們就能免受懲罰並因此自鳴得意。但是，隨著編造藉口逐漸習慣成自然，撒謊的技巧漸趨熟練，人也就積習難改了。養成為逃避公正的譴責而撒謊的習慣，等於做出了一個危險的選擇。踏上這條不歸路，你就很難再有其他的選擇了。

如果你對事態的發展真的無能為力，大多數明白事理的人是不會苛責你的。只有當一個人明知故犯並造成惡果時，人們才會對他進行譴責。

在個人事業的發展道路上，總有一些轉捩點，在突破之前，往往是最困難、最艱難的時刻，在這種時刻，一定要判斷形勢、確定方向、保持勤奮，無論情況多麼嚴峻，也不能輕易逃避，因為只要堅持到「瓶頸」的突破，就會「山窮水盡疑無路，柳暗花明又一村。」

我們每個人都需要壓力，但當壓力來臨時，我們就必須要有處理的方法和技巧，而不是逃避；不管遇到什麼壓力，遇上時都得加以分析並給予處理，才有利於解決壓力。

我們應該認真分析壓力，把它轉化為動力，繼而使壓力為自己所用，創造生活和事業的奇蹟。這才是我們最終所追求的目的。盲目行動只能讓你失敗，失敗後就害怕面對壓力，從而逃避壓力，把壓力的來臨說成是自己不幸，這種觀點需要自己推翻。做一個有上進心的人，才是我們走向成功人生的關鍵。

與壓力和平共處，千萬不要因為甩不掉壓力，就灰心喪志，只要還活在這個世上，就要面對壓力，接受壓力。

※

老李今年 47 歲，在一家廣告公司擔任銷售部主管，結婚後他的身體狀況一直很好，只是工作壓力大了點。

由於他每年夏天都會帶家人到鄉間度假，因此對那種與世無爭的田園生活格外嚮往 —— 尤其是當他快被老闆逼瘋的時候。他曾認真地跟老婆商量，能否改變目前這種緊張的生活形態。在獲得首肯後，他放棄了眼前的這份高薪工作，跑到鄉下當農夫。他買下了一塊花圃，準備從頭開始學起。

結果卻並不如他想像中那樣好。剛開始幾個月，他這個初學花農還做得有模有樣；但是好景不長，才經歷第一個寒冬，他就發覺那裡根本不是適合人住的地方，荒涼的居住環境，讓人感覺猶如到了西伯利亞；而他的老婆根本不知道如何和這裡的鄉下人打成一片，小孩每天也得換好幾趟車才能到學校。

他知道自己打錯算盤了，只是沒料到結局會這麼慘，當公司主管確實很累，不過當農民也輕鬆不到哪裡去，說不定還更累。另外，他和老婆向來都是喜愛社交的人，如今只是想找鄰居聊聊還得跑到幾公里外的地方；而在這種偏僻的鄉村，也不可能有什麼電影院、KTV 之類的娛樂，每天能做的只有睡覺，因為他實在太疲憊了。

在苦撐了一年之後，他們乖乖地搬回市區。老李自稱「老了 10 歲」，改行不但沒有發財，還連老本都砸了。更可笑的是，他當了二十幾年的上班族都沒事，在鄉下「窩」了一年後卻累出一身病來，這真是他始料未及之事。

看了這段文字，你一定有所感觸，這是很自然的。每年總有數百萬的人們基於退休或其他考慮，不得不改變目前的生活型態，並想趁這個機會讓自己「解脫」。這是好事呀！問題是，一般人往往只想到可以借此擺脫舊的包袱，卻沒想到該怎麼去適應新的壓力，你想過嗎？當然啦，這對某些人而言不是問題，但並不是每個人的適應力都這麼好。

大部分的人面對壓力都急於擺脫，但所換來的卻只是一道道新的考驗，更糟的是他們曉得怎麼去處理老問題，卻不知該如何面對新局面。

人們普遍有種傾向：要在壓力之下才能生活，不過那必須是他們所熟悉的壓力。當他們被炒魷魚時，身心馬上就會出現不適的現象，而隨著失業率的節節攀升，各大診所都人滿為患。醫師往往發現，這些人不管是哪裡痛，其實都是「心病」所引起的，而且還不是因為經濟壓力。

這當然不是在嚇唬你說應該要「從一而終」，絕不可輕易嘗試新的生活形態。以不變應萬變的心態並不可取，而且也不是每個人的適應力都這麼差。

但話說回來，那些「轉型」成功的人們之所以能這麼順利地換跑道，並不全然是因為「瞎貓碰到死老鼠」，更重要的是他們懂得做好事前的規畫，簡單地說，他們絕不是抱著「兩害相權取其輕」的鴕鳥心態來逃避現實，而是認定他們會更有辦法應付新的壓力。

無論做什麼事，逃避都不是最好的方法，逃避並不能解決問題，面對壓力也是如此，與壓力共處，迎接生活的挑戰，才能克服困難、解決問題。

逃避並不能解決問題，你需要掀起你的「蓋頭」來，展現你的才華，放開自我，接受新概念、新事物，讓機會來到你身邊。

你的「自我」就像一位怪異又年老的城堡守護者，它日以繼夜地守護著你「下意識」的城牆。它的工作是監視你的行為，不讓你有任何改變；它讓你逃避未知，不讓你有接觸新事物的機會。對它而言，不改變代表著一切安好。

現在你應該明白了吧！使你害怕、無法實現夢想的人，就是你下意識的守護者。它的工作是讓你害怕，讓你永遠不要改變。所以，不要聽它的話，不要管它的警告。你要積極行動起來。一旦你的守護者發現它無力阻止你的改變，而你的新行為又已穩定之後，它就會主動加入你的行列。

為你要何要固守這些「懼怕未知」的行為，而不到那奇妙的未知世界去漫遊呢？也許那樣確實能為你帶來很多「好處」，而這些「好處」是你固守這些行為的強大心理支撐力，例如：由於你一直墨守成規，生活單調，你就永遠不必獨立思考。既然你已經有一個計畫，那麼遇事只要看看計畫就行了，不必動腦筋思考。

墨守成規總比冒險探索來得容易。畢竟，未知是一種挑戰，未知隱藏著某些風險，挑戰與風險總會構成某種威脅。

你可以說，你是在延遲自己的快樂，並認為這樣做是一種「成熟的行為」，從而固守熟悉的事物並聊以自慰。這樣，延遲快樂似乎是「成熟」的「大人行為」，但實際上你固守自我、迴避未知的原因不是別的，正是你對未知存有疑慮，懼怕未知。

想要改變這些嗎？你需要記住以下幾點：

- **你可以為自己做對了某件事而感到了不起**：你一直是個好孩子。只要你以成敗為衡量標準，總可以把做成某件事看作自我價值的提升，並因此洋洋得意。然而此時，「做成了某件事」僅僅是別人對你的評價而已。
- **努力選擇並嘗試一些新事物，即使你仍留戀著熟悉的事物**：盡力結識更多的新朋友，多多置身於一些新的環境，嘗試一些新的工作，邀請一些觀點不同、性格不一的人到家裡來做客。多和你不大熟悉的客人交談，少和你熟悉的朋友交談，因為你對他們太了解了。
- **不要再費心去為你做的每一件事找藉口**：當別人問你為什麼要這樣做或那樣做時，你並不一定要說出可信的理由，以使別人滿意。實際上，你決定做任何事情的理由都很簡單 —— 因為你想這樣做。
- **試著冒點風險，使你解脫日復一日的單調生活**：例如，上班時不一定非得乘坐同一種方式的交通工具，每天早餐不一定總是要吃同樣的東西等。你可以充分發揮自己的想像力，如果想像自己擁有一大筆錢，足夠在幾年內怎麼也花不完。這時你也許會發現，自己原本設想的計畫幾乎都是可以實現的。

- **試著去做一直以「我做不好」為藉口而迴避的事情**：你可以用一個下午來繪畫，讓自己得到充分享受。即使你畫出的畫不是很好，你也沒有失敗，因為你至少高高興興地度過了一個下午。你可以在家裡盡情地唱歌，儘管你唱得不好。
- **接觸那些你認為使得你懼怕未知的人**：主動同他們談話，向他們明確表示，你打算嘗試新的事物，看看他們反應如何。你會發現，他們的懷疑態度是你擔憂的因素之一，因而你總是在這些否定態度面前陷入怠惰。既然現在你可以正視這種態度，那麼你便可以發表你的「獨立宣言」，擺脫他們的控制。

再沒有什麼東西比封閉的頭腦更能扼殺思想了。因此，每個人都要衝破自我藩籬，在社會中充分展現自我，盡情地發揮自己的才華，徹底擺脫壓力的束縛。

08

失望解碼

擁有好像很多　其實已經失去更多

有一年秋天，郭沫若到普陀山遊覽，在梵音洞裡偶然撿到一本筆記，打開來一看，扉頁上寫有一聯：「年年失望年年望，處處難尋處處尋」。橫批：「春在哪裡」。翻看下去，裡面寫著一首絕命詩，還署著當天的日子。

郭沫若讀完，趕緊叫隨行的同伴去尋找失主。眾人四下找尋，終於及時找到了那位欲輕生之人，原來是一位神色憂鬱的少女。

原來，這位少女因為三次考大學落榜，愛情又遭受了挫折，於是決心「魂歸普陀」。

郭沫若關心地對她說：「下聯和橫批太消沉了，這不好，我替妳改一改，妳看如何？」少女低頭不語，郭沫若吟道，「年年失望年年望，事事難成事事成。」橫批：「春在心中。」

這一改，使少女感動不已。一個「春在心中」的教誨，把這位少女對人生的態度從頹唐轉化為進取。

走在茫茫的人生之路上，我們似乎總想尋覓一份永恆的快樂與幸福，總希望自己付出的所有真心、真情能夠得到別人的理解，能找到值得去珍惜的生活。然而，生活並不總是像我們想像中的一帆風順。

那麼，當自己的努力被現實擊得粉碎而麻木，失望究竟會怎樣影響到一個人的生活？

美國心理學家弗羅姆（Erich Fromm）對現代西方社會中人們的失望感做出這樣的描述：「在現代工業社會中，生活再也沒有誘惑力，沒有希望了。倘若人一旦失去了對生活所追求、渴望的那種希望，那麼促使人去奮鬥，去夙興夜寐地工作，以及為希望而活下去的動力就會全部消失。對某種偉大、重要與美麗的憧憬一旦消弭，人就會像破了洞的氣球，再也打不起精神繼續活下去。」

面對生活中的種種不幸，有的人由於極度失望而陷於深深的痛苦之中，以致採取了「人沒有希望，也沒有痛苦」的消極態度，讓生活沿著「無希望 —— 無失望 —— 無痛苦」的路線滑下去。這種人生態度是不可取的，要知道，失望是生活中常有的現象。

在失望狀態中人們有明顯的生理和心理表現。失望一方面與生理疾病或生理的缺失有關，另一方面與社會變化、家庭、職業的變化以及人們遇到的挫折和失敗有關。同時還與人們的自我概念密切相關。

失望就是指當人們有所損失的時候而出現的心理狀態。它與人們的認知與情緒有著密切關聯。

失望可以分為兩類：一種是暫時性失望；另一種是長期性失望。

暫時性失望是指自己需要的事物暫時消失，但往後有可能再次得到或可以以其他事物作為替代。比如錯過了一次火車、沒有買到自己喜歡的化妝品、無法參加自己喜歡的活動等。一般而言，暫時失望的強度一般較大，但是，很快就會消失，不會持續很長時間，雖然生活中人們的這種暫時失望很多，但對人的影響很小。

長期性失望是指當人們的失去是永久或長期的，而且失去的東西難以彌補，令人無能為力。例如，與孩子分別時，父母所展現的失望、因自己的身材長相而出現的失望、因自己的健康原因而出現的失望等，這些都屬於長期失望。長期失望在初期產生時的強度較大，以後便有所減弱，但這種失望會長期地影響一個人，甚至影響人的一生。

失望和希望對應，實際上是一個事物的兩個極端表現，在兩個極端中有程度不同的失望和希望，有時兩者難以區分。希望和失望往往透過活動和情緒體驗表現出來。希望和失望不是一個基本的情緒現象，它是由其他很多情緒成分組合而成的混合物。

心理學家指出：失望是悲傷、憂鬱和恐懼、悲觀情緒的總和，會使人變得消極、被動、自卑且缺乏活力。自己有所失去時會悲傷、憂鬱，當了解到這種損失對自己將來的意義的時候則會悲觀、恐懼。但是，在不同的失望狀態下，它們的表現強度不同：

當自己的損失與自己的前途命運攸關時，失望的主要成分是恐懼；由於外界原因，使自己有所失，而自己又無能為力時，產生的主要是悲觀情緒；當由於自己的原因而所失去時，失望的主要成分是焦慮和憂鬱。但是在一般的失望狀態下，這幾種成分都是存在的。

心理學家認為，生活中的挫折是使人們感到失望的主要原因。

人們發展受阻即會覺得受挫。一般而言，人們因發展受阻而產生的失望情緒影響有如下特徵：

- 挫折多的人出現的失望情緒多，但強度不大；挫折少的人出現的失望情緒少，但強度大。
- 事情剛剛開始和事情就要結束時遇到的阻礙對人的影響最大，事情中途受阻對人們的影響相對較小。
- 由自身因素引起的挫折比客觀因素引起的挫折對人的影響大。
- 意料之外的挫折比人們事先預料到的挫折影響更大。

失望有時就像是靈魂深處的一隻黑手，撕扯著我們的心，讓我們的心永不安寧。因此，我們需要克服失望的情緒，使我們的心靈歸於寧靜。

要恰當地克服失望並不容易。首先，要理解自己悲觀落魄的原因，了解到精神狀態的容易變化之後，下一步就是了解精神運行的原理，理解精神狀態的週期性變化。其次要研究使心情愉快起來的有效方法。為了使心情愉快，必須多方探索，發現對自己有用的、適合自身個性的方法。

方法 1：真心相信能夠戰勝失望

首先要態度誠懇地思考自己能改變哪些使情緒易於消沉的性格特點。對以上這段話，你也許會認為：「有誰不想治好情緒消沉的毛病呢？哪會有清醒的人不想把失望從自己的人生中驅逐呢？」

事實上，能經常保持清醒的人實在太少了，也就是說，我們每個人都有某種程度的非理性。任何人都具有理性與非理性兩種心態。人不會永遠做直線的思考，也有人會以失意落魄為藉口來平衡自己的失敗心理，將不能成功的事正當化，他們會自我辯解說：「我本來就知道自己沒有那種力量。」然後縮到內心深處自我安慰去了。

從某種意義來說，失望是逃避現實、自我憐憫的一個避難所。因此並未完全失敗的人，或消極思維並不徹底的人，都並不是真心想排除失望，因為他們不願失去面對競爭社會的逃避藉口。而且，每個人心裡都或多或少存在著某種自虐傾向，只是程度有異而已。這種傾向強烈的人會以某種消極思維的方式來鞭打自己，他們滿足於將自己蜷縮在黑暗的失意氣氛中。

雖然這種行為並不正常，但人們不可能在任何時候都能保持正常。不過，人總是有機會可以維持正常的心理健康狀態，達成積極思考的目標。重要的是管理和支配自己的想法，按照自己的意識行動。如果能真的全心全意地希望從人生中永遠排除失望情緒，那麼，你已經為自己減少很多心理壓力了。

方法 2：培養「冥想」的習慣

「冥想」就是每天進行 10 分鐘有意進行的沉思，只要有規則地正確培養這種習慣，必能獲得良好的結果。三天打魚兩天晒網是絕對無效的，只有每天至少做 10 分鐘，才能獲得有效結果。

一天之中的任何時刻都可以進行：10 分鐘的「冥想」，不管是白天或夜晚，不需要決定特別的時間。但一天 24 小時之內一定要有 10 分鐘的「冥想」時間。能有規則地實行這個方法，不久一定會見到成效。

首先進入房裡關上房門，然後安靜地坐下。電話鈴響了也不要接，門鈴響了也是一樣。在 10 分鐘之內不受任何干擾，度過精神性的，而且是創造性的沉思時間。

具體地說明「冥想」，就是在開始的 5 分鐘內只想著浩瀚的虛空，剩下的 5 分鐘要在心裡描繪自己，把渺小的失望交給浩瀚的寂靜，而且要很清楚地想像出把一切交給寂靜的情形。

能成功地做到這點，你心裡的暗影就能清除乾淨，心裡的每一個角落都充滿澄淨和光明，能思考得更清楚，也能想出克服失望的好辦法。

方法 3：請一個人聽你傾訴

當失望開始真正控制思維的時候，有積極態度的人會借此躲開以免受影響。請別人聽你說話，對恢復健全的思考大有裨益。

美國最偉大的勵志大師拿破崙・希爾（Napoleon Hill）曾講述：

有一天，祕書走進希爾的辦公室，告訴他有一個女人想見他。

「是事先約好的嗎？是什麼樣的人呢？」希爾問道。祕書回答：「不是事先約好的。我只知道她的名字。她說自己是在路上行走時，從招牌上看到先生的名字。她說自己是有進行『積極思考』的人，但現在碰到一些苦惱的事，希望先生能給她力量，所以就來了。」

「是這樣嗎？請她進來，我和她談談。」希爾說道。

不一會兒，那個女人走入希爾的辦公室，並有禮貌地說：「感謝您在沒有預約的狀況下還願意見我。我簡單地說明事情，請您給我建議，然後我就告辭。」

她說話的樣子雖然很開朗，卻隱瞞不了心中的苦惱。她表示自己為了成為具有積極人生態度的人而努力學習，可是卻有「很多問題和困難」相繼降臨在她身上。雖然努力，但因為失望，積極的態度幾乎要被淹沒了。

她又說：「如果能克服失望，我相信就能恢復原來的我，順利地擺脫心理壓力了。」

希爾說：「請把一切都說出來，我會幫助妳的。繼續說下去吧，讓我了解使妳苦惱的事，也許能替妳想到好的解決辦法。」

於是，她平靜地說出了自己的苦惱。

談了近 30 分鐘後，她看了一下手錶說：「啊，打擾您很多時間了，實在抱歉，不過我得到了很多幫助。第一次見面您就對我這樣親切，我會永遠記得的。」說完後就和進來時一樣快步走出房間。

而此時希爾並不知道自己為她做了什麼。過了一會兒才發覺他是以靜聽她說話的方式給予了她幫助。她因為把自己心裡的話全傾吐出來而感到輕鬆。

當失望堆積得快要把你的心壓垮，積極的態度即將瓦解時，就要找一位能以積極的態度聆聽，有充分理解力的人，傾吐所有的不快。

當然，只請人聽你說話，並不一定能完全消除失望，但是把心裡的話全部傾吐出來，確實是有效的。

方法 4：採取具有強大矯正力的積極行動

我的一位朋友接二連三地遭遇不幸，如果換作是其他人早就崩潰了。

可是他有堅強的信仰，以堅強的態度面對席捲而來的苦難。他能冷靜思考，不會因為不順利就情緒化地責怪別人，而且認為有很多苦難來源於自己。

他說：「人應該了解到在他的一生中總會遭遇幾次痛苦。」他嚴格而理性地思考自己所處的狀況，積極地尋求更好的方法，分析自己的過錯，然後加以消除。

確實，他把聰明人能想到的事情都做了。可是失望的念頭仍舊抓住他不放。他慢慢地、徹底地給失望打敗了。失望的念頭滲進他的思考、控制他的心靈，開始腐蝕他的堅強信仰。就在這個時候他突然採取了「解決行動」，也就是無論想從何種失敗狀況解脫時，必須去不斷地嘗試解決問題。

關鍵在於「行動」。只要能採取正確的行動就能改正錯誤，這一點非常重要。問題不在於自己身上會發生什麼，而是對發生在自己身上的事該如何思考。如果能不感情化而是客觀地，不以消極的而是積極正確地進行思考，就能以剛毅的意志採取解決行動。

思考能以意志的力量左右在心裡發生的事情。晦暗的想法累積後才會產生失望的情緒，所以把這件事留藏在心裡或是丟棄，完全由自己決定。

這就是我的朋友得到的現實結論。對失望命令說：「從我的心裡滾出去！」

結果真的就會如此。雖然一定會遇到困難，但是只要以堅定意志去面對，終能克服失望。他神采飛揚地對我說：「我採取的完全是平凡而傳統的行動，我對什麼也不思考的人常有的不滿或自我憐憫感到厭惡。我只想到要行動、行動、再行動！解決的行動！」

他首先採取的是身體行動。他不再落魄地坐在那裡，在心裡消極地想：「我為什麼會落到這步田地？」而是到戶外不停地走動或游泳，也重新開始打高爾夫球。這樣的行動消除了掌管思維的大腦中樞的壓力，使自己從思考轉向行動。

不久，他的頭腦變得清晰起來，心理狀態也逐漸好轉，血液循環暢通，心臟的功能也得到加強，各種創意開始在腦海裡萌生。最後，他恢復了原有的活力。雖然不是在很短的時間內做到的，但比想像中更快地恢復了原來的活力。

方法 5：堅信「失敗乃成功之母」

愛迪生曾經說過：「失敗也是我需要的，對我來說，它和成功一樣有價值。」失敗是一種強烈刺激，對有志者來說，往往會產生增力性反應。失敗並不總是壞事，也沒有什麼可怕的。面臨失敗，不能失望，而是要找出問題癥結，尋求進取之策，不達目標不甘休。

方法 6：腳踏實地地追求奮鬥目標

如果我們對外語一竅不通，卻希望能很快地當上外文小說翻譯家，豈不是自尋失望⋯⋯事情的發展結果往往不符合你原先的期望，而期望越高，失望便越是沉重，所以，我們應該追求和自己能力相當的目標。

有時候，雖然目標和自己的能力相符，但由於客觀條件的影響，也會招致失望情緒，這時更應注意調整期待值，減少失望情緒。應徵工作時，或許你的實際能力已經可以勝任該工作，但由於公司人數比例有限，你沒有被錄取。這時要調整內心期望值，使之與現實相符，這樣便能很快地克服失望情緒。

09

空虛解碼

走出心理黑洞　積極充實自我

09・空虛解碼

有一位富豪曾向一位心理諮商師傾訴說：「不瞞您說，我現在覺得人生很無聊，什麼都不想做。工作、女人、家庭，一切都激不起我的興致。您說這該怎麼辦呢？剛出社會那陣子，簡直是拚著命去賺錢，臺北、臺中、高雄、花蓮、澎湖……臺灣各縣市幾乎都去過了。有時，為了賺錢，幾乎達到喪盡天良的程度。我曾經賣過假貨，騙過人家的錢，當然也沒少被別人騙過。手裡有錢了，首先想到的就是吃好、喝好、穿好、用好，然後就是布置自己的小家庭，房子布置得富麗堂皇，像宮殿一樣，也逛了一些『按摩中心』，接受過按摩小姐提供的特別服務……一開始覺得挺新鮮，也很刺激，可時間一長，便覺得那也沒什麼意思。沒錢時，拚命想賺錢，心想只要有了錢，便能擁有一切，根本管不了別的。可是賺了錢後，又不知該怎麼花，總覺得少了點什麼。現在看來，人光有錢還不夠。錢這東西，只能滿足物質上的享受，可是精神生活的貧乏，卻很難靠錢來彌補。我認識許多商人，都是所謂的『富豪』。他們非常拚命地做生意，到了晚上，就到酒店、咖啡廳、歌舞廳這些地方，玩來玩去也都是那一套，真是錢包鼓了，心裡卻空空的。您說該怎麼辦？」

從這位大富豪的傾訴中可以得知，一味地追求物欲的生活，而缺乏精神上的追求，是不可能活得充實的。其實，這就是一種「空虛症」。

在現實生活中，你是不是有時也會出現那種說不出來的低落情緒呢？有時，你獨自一個人逛街時，突然感到這種情緒湧來，讓你頓時對五光十色的街景失去了興致。有時候你跟一大群人在一起喝酒時，當下很高興，可是在第二天早上醒來時，就感覺像是要入地獄一樣難受。每當這種情緒籠罩在心頭時，就會覺得跟周圍好像有道無法跨越的鴻溝，感到百無聊賴又有種沉沉的失落感。

或許，這時的你正在走入自己的內心黑洞——空虛。空虛是各種心理壓力中最無以名狀且捉摸不定的東西。空虛感就像是心裡面的黑洞，具有超強的吸力，一旦被捲進了黑洞，整個人也就被空虛感所縛。該如何與空虛奮戰呢？人們甚至不知道該從哪裡開始。這正是空虛讓人束手無策的地方。

心理學家認為，精神和內心的空虛對人們的身心健康最為無益。那麼究竟什麼是空虛呢？它是指一個人沒有追求，沒有寄託，沒有精神支柱，內心世界一片空白。空虛有可能是因為人們缺乏正確的自我認知，過於小看對自我能力所致，也有可能是由於自身能力難以融合實際環境，因而感到無奈、沮喪、空虛。當一個人低估了自身價值，特別是當這種錯誤會造成現實生活的衝突時，便很容易對外界事物做出以偏概全的評價。

一個人只要有所追求並勇於直面問題、直面現實、直面挫折，就不會被困難嚇倒，不會被沮喪和空虛長期困擾，並且能夠從挫折和失敗中吸取教訓，總結經驗，戰勝空虛，重塑自我！

一位心理學家曾說：沒有精神生活的人會成為環境的奴隸。

精神世界一片空白，沒有信念，沒有寄託，百般無聊，如同行屍走肉，一個人嚴重的空虛狀態，莫過於此。

空虛心理的產生不是空穴來風，它來自多方面的原因：

- **錯誤的人生觀、價值觀對人的影響**：受不良社會風氣的影響，一些年輕人喪失了正確的人生觀和價值觀。他們在「人生幾何」、「及時行樂」、「有錢就幸福」、「學有何用」等錯誤觀念的影響下，放棄了學習，在沒有精神支柱支援的情況下，人自然而然就會感到空虛。
- **自我貶低，缺乏自我**：父母早逝、離婚或因其他原因寄人籬下，從小得不到家庭溫暖，使人們單純的心靈受到創傷，看不見前途和光明，自覺低人一等，於是自暴自棄，自我貶低。

- **厭學心理**：來自家庭和學校的學習壓力，使一些學生慢慢對學習感到厭倦，從而開始厭學。也有的人的課業成績實在跟不上，備受老師及同學的歧視和家長的斥責，使他們自暴自棄開始厭學。學習是學生的主要任務，如果使學生對學習感到厭倦，他們還能做什麼呢？

心理上的營養失調是區分活人與死人最主要的差別。而無聊，就是一種心理上的營養失調。那些無法使自己保持豐富心靈的人，便注定要空虛一輩子。

※

有一個年輕人叫余龍，他想搭飛機去京都聯繫業務人員。他到機場買完票，還有幾分鐘空閒，於是他走向一個體重計，踏上去，投入一枚硬幣後，螢幕上顯示了兩行字：「你的名字叫余龍，體重 65 公斤，你正要搭乘 3：20 分往京都的班機。」

因為和真實情況一字不差，所以他大吃一驚，認為這是個玩笑。他再次站上去，投入另一枚硬幣，螢幕上果然又顯示了兩行字：「你的名字叫余龍，體重 65 公斤，你仍然趕得上 3：20 分往京都的班機。」

現在，他更困惑了。突然，他想到了一個計謀，決定試著去愚弄一下體重計。他走進更衣室，換了衣服，重新踏上體重計，投入硬幣。這次，螢幕上的字出現變化：「你的名字叫余龍，體重 65 公斤，你已經趕不上 3:20 分往京都的班機了。」

在工作和生活中，經常有人因為這樣或那樣的無聊小事，而忘記本該要做的重要事情。他們和那個誤了班機的年輕人屬於同一類人。

再看一看周圍的人群，有多少人對自己生活中的無聊小事津津樂道：今天有人請客，吃了些什麼菜，明天準備和誰切磋麻將技術，上司升遷了，朋友的老婆被調職了，自己的孩子開始頑皮了。在 100 句話中，有 99

句是無聊的話題。這些人空虛地活著，自己的生活卻不見色彩。

可見，青年人一定要擺脫空虛和無聊的糾纏，才能給予自己的明天希望，給予自己的青春一個證明。否則，只會使自己的心靈長滿雜草。

- **應樹立正確的人生觀和價值觀**：可以看一些名人傳記，向他們學習，看看他們的青少年時代是如何度過的，從而對前途與理想有一些正確的認知，樹立崇高的人生觀和價值觀。
- **培養自己對學習的興趣**：中學是學生打基礎的時期，中學生的主要任務是讀書，如果學生對讀書有興趣，那他就不會有空虛感。如果因為學科成績太差，跟不上學校的課程進度，可以請家教利用假日補救，把落後的部分及時挽救起來。
- **培養健康的業餘愛好**：業餘愛好雖然是業餘的，但不可小看它，它往往能成就大事。有很多人就是透過業餘愛好走上成功之路的。這樣既可豐富自己的業餘生活，又能學得一技之長。

要排除空虛和失落，最重要的是確立自己的目標，然後一步步地實現，用忙碌與充實來戰勝空虛與失落。

身為人類，我們必須不停立下目標，並不斷地為我們的生活目標努力奮鬥。有了目標，就有了奮鬥的方向，有了精神追求，「空虛」這個隱形殺手就會被扼殺在搖籃裡，人就不會再有空虛感。

現實生活中，有的人對「目標」這一問題感到束手無策，導致心理壓力增加。這些壓力往往源於下列某種原因：

- 沒有明確的奮鬥目標。
- 目標過多，且都要花費你有限的時間。
- 目標與目標相互牴觸。
- 發現自己為之奮鬥的目標並非真的是自己的目標。

雖然目標能為生活指明方向，提高動力並促使你取得成功，卻很少有人為自己設立個人的目標，這的確不可思議。對有些人來說，無法確立目標源於內心深處對失敗的恐懼。一旦確立了一個目標，在實現這一目標的過程中要麼成功，要麼失敗，兩者必居其一。然而，害怕失敗的人沒有意識到「失敗是成功之母」。你若不了解失敗的意義，就無望取得成功。

切實弄清楚什麼是自己生活中重要的事情，有助於明辨並確立自己的目標。那麼，我們能如何去實現目標呢？

- **列出目標**：把你今後 10 年想要從生活中獲取的東西寫下來，不管它們看上去有多麼的不現實，要包括你的夢想及目標。按工作、家庭生活及休閒時間等專案分別列出三個不同的一覽表。
- **檢查目標的可實施性**：檢查列出的目標，看看有無禁忌的或無法實現的。千萬別計劃用業餘時間來攻讀學位或花大量的時間呆在家裡。目標一定要能夠實施才行。
- **把列出的目標排列成序**：看看列出的一覽表，哪些分別是三個類別中最重要的目標，按照其重要程度排列順序，隨後，確定所有目標中哪個目標的實現對你而言最為重要。
- **寫出行動計畫**：勾勒出實現每一目標的步驟圖。例如，要寫一篇短篇小說，其行動計畫就可擬定如下：
    - 選修一門課程
    - 購買工作所需的設備
    - 營造創作空間
    - 留出固定的時間

- **確認可能遇到的困難**：判斷什麼會妨礙你的工作，尋求解決的方法。例如，你若覺得與人社交會占用你太多的時間，就可以在日曆上標明具體的時間，專門處理家事及工作。
- **經常獎勵自己**：獎勵可以增加你的動力。考慮一下自己真實想要的東西，承諾一旦自己實現了艱難的目標就以此來獎勵自己。
- **設想最終的結果**：在心中清晰地想像出你最終達到目標的情景。

09・空虛解碼

10

吝嗇解碼

首先學會滿足他人　最後才能滿足自己

一位有錢的美國貴婦，在亞特蘭大城外建了一座花園。花園又大又美，吸引了許多遊客，他們經常跑到貴婦人的花園裡遊玩。

年輕人在綠草如茵的草坪上跳起了歡快的舞蹈；小孩子奔進花叢中捕捉蝴蝶；老人蹲在池塘邊垂釣；有人甚至在花園當中搭起了帳篷，打算在此度過他們浪漫的盛夏之夜。

貴婦人站在窗前，看著這群快樂得忘乎所以的人們，看著他們在屬於她的花園裡盡情地唱歌、跳舞、歡笑。她越看越生氣，就叫僕人在園門外掛了一塊牌子，上面寫著：「私人花園，未經允許，請勿入內。」可是這一點也不管用，那些人還是成群結隊地走進花園遊玩。貴婦人只好讓她的僕人前去阻攔，結果發生了爭執。

最後，貴婦人想出了一個絕妙的主意，她讓僕人把掛在花園外的牌子取下，換上了新牌子，上面寫著：「歡迎你們來此遊玩，為了安全起見，本園的主人特別提醒大家，花園的草叢中有一種毒蛇。如果哪位不慎被蛇咬傷，請在半小時內採取緊急救治措施，否則性命難保。最後告訴大家，離此地最近的一家醫院在威爾鎮，驅車大約 1 小時即到。」

這真是一個絕妙的主意，那些貪玩的遊客看了這塊牌子後，對這座美麗的花園望而卻步了。

幾年後，有人再次進到貴婦人的花園中，卻發現那裡因為空間太大，走動的人太少而變得雜草叢生，毒蛇橫行，十分荒蕪。既孤獨又寂寞的貴婦人守著她的大花園，開始懷念起以前的快樂時光。

貴婦人由於吝嗇使自己失去了以前的快樂，備受孤獨和寂寞，心靈也得不到安寧。可見，吝嗇會給人造成多麼大的心理傷害啊！

吝嗇是什麼？吝嗇就是小器。吝嗇之人常常被人稱為「一毛不拔的鐵公雞」。

吝嗇之人都非常計較個人的得失，遇事總怕自己吃虧。他可以大慷公家之慨，對個人利益卻絲毫不讓，總是高估人家低估自己，永不知足，有顆貪婪之心。吝嗇之人非常看重自己的財富與利益，為了既得利益，可以六親不認，甚至「老死不相往來」。對別人的苦楚顯得冷漠無情，毫無憐憫之心，甚至會落井下石。吝嗇之人很少參與社交活動，也不關心周圍的事物，他們不願幫助別人，因此很少有知心朋友，有了困難也就很難得到他人的幫助。

吝嗇是自私、冷漠的產物，破壞了人類固有的仁愛之心、同情之心。只有施捨才能得到幸福感。

※

從前，有個很吝嗇的富翁，最高興的事情就是發財賺大錢，但只要他為別人花一點小錢，就會非常不高興。村裡的人全都叫他「吝嗇鬼」。「吝嗇鬼」最發愁的是明天賺不到大錢，最擔憂的是子孫將來守不住他的財產。這些憂愁常常搞得他吃不香睡不著。

一天，村裡來了一位得道的高僧，可以滿足任何人最大的願望。消息很快在全村傳開了。富翁一聽，立即來到高僧住的廟裡，把自己的願望告訴高僧。高僧說：「先生，你的願望一定能夠實現，不過有一個條件。」

富翁嚇了一大跳，懷疑高僧是想叫他施捨財物，可他又想，自己最大的願望就要實現了，管他提什麼要求呢！一咬牙便說出了平生從來沒說過的話：「什麼條件？請說吧。」

高僧說：「你家旁邊住著一戶窮人，家中只有母女兩人。明天你送一點糧食給她們。」富翁心想，跟他要實現的願望相比，這根本不算什麼，於是高高興興地答應了。

富翁經過酌量、過秤，拿著一小袋糧食來到那戶窮人家裡的時候，那對母女正快快樂樂地忙著工作。

富翁對母女說：「請收下這點糧食吧，這樣妳們就有吃的了。」

那位母親說：「富翁，謝謝你，今天我們已經有糧食吃，不需要這個，你拿回去吧。」

富翁說：「過了今天，還有明天，妳們留著明天吃吧。」

不料，那位母親卻坦然地說：「明天的事我們不擔心。富翁，我們從不為明天的事情發愁，老天爺不會讓我們餓死的！」

聽了這段話，富翁先是驚愕，緊接著恍然大悟。心裡默念著：「神聖的高僧，我感謝您滿足了我的最大願望，是您幫我找到了幸福。非常感謝你！」

富翁是一個從來沒給任何人一點小錢的吝嗇鬼，為何卻破天荒地答應了高僧的條件呢？因為他在答應高僧之前權衡了一下，了解到比起之高僧讓他施捨的財物而言，他的願望更大。他的願望之中包含更多的錢。

當時，他咬牙答應了高僧，卻沒想到高僧的條件只是一小袋糧食。這比他預計要施捨的財物少得多，無形之中，給他這個吝嗇鬼省了許多財物，可謂正中下懷。他能不高興嗎？何況他還將因此獲得最大的願望。

當富翁打從心底要把糧食送給那對母女時，他一改往常的吝嗇，執意要人家收下：「過了今天，還有明天，你們留著明天吃吧。」他以為那位母親會聽他的話，為了明天留下那袋糧食。可他萬萬沒有料到那位母親會如此坦然地說：「明天的事我們不擔心，我們從不為明天的事情發愁，老天爺是不會讓我們餓死的！」

於是，富翁的心被大大地撼動了，他恍然大悟：不知足的人在這個世界上是永遠找不到幸福的！

要想活得幸福快樂，就必須學習「施與受」的藝術，因為這正是維持愉悅生活的必要行動。一個人若只知道接受他人的恩惠與施捨，必然永遠不會快樂，永遠不會滿足。

※

一個男子坐在一堆金子上，伸出雙手，向每一個過路人乞討。一個神仙走了過來，男子向他伸出雙手。

「孩子，你已經擁有了那麼多的金子，你還要乞求什麼？」神仙問。

「唉！雖然我擁有這麼多的金子，卻仍然不滿足。我乞求更多的金子，我還乞求愛情、榮譽、成功。」男子說。

神仙從口袋裡掏出他需要的愛情、榮譽和成功，送給了他。

一個月之後，神仙又從這裡經過。那男子仍然坐在一堆黃金上，向路人伸出雙手。

「孩子，你所求的都已經有了，難道你還不滿足嗎？」

「唉！儘管我擁有的東西比別人多得多，我仍然不能感到滿足，老人家，請你把滿足賜給我吧！」男子說。

神仙笑道：「你需要滿足嗎？孩子，那麼，請你從現在開始學著付出吧。」

一個月後神仙又從此地經過，只見這個男子站在路邊。他身邊的金子已經所剩不多了，他正把它們施捨給路人。他把金子給了衣食無著的窮人，把愛情給了需要愛情的人，把榮譽和成功給了失敗者，把快樂給了憂愁的人，把刺激送給了麻木不仁的人。現在，他一無所有了。

看著人們接過他施捨的東西，滿含感激而去，男子笑了。

「孩子，現在，你感到滿足了嗎？」神仙問。

「滿足了！滿足了！」男子笑著說，「原來，滿足藏在付出的懷抱裡啊。當我一味乞求時，得到了這個，又想得到那個，永遠不知什麼叫滿足。當我付出時，我為自己的舉動而自豪、滿足，為我對人類有所奉獻而自豪、滿足，為人們向我投來感激的目光而自豪、滿足。謝謝您，您讓我終於知道了什麼叫滿足。」

當你幫助其他人時，你就是在幫助自己。你將會覺得與他人間有一種親密感，這時，其他人就是你的世界。你會覺得自己是個對世界和社會很有貢獻的有用之人。

此外，如果接受你幫助的人對你十分感激（大多數人都會十分感激他人的善舉），你將會感覺到人世間的溫情，而你也將獲得十分友善的社交關係。在這個由人組成的社會裡，你會感覺更舒服，不必退縮回先前如行屍走肉般的內心深處。

透過金錢的力量，你可以對其他人類產生巨大的影響。如果有更多善良的人們願意利用金錢為所有的人帶來更多的利益，擁抱他們曾放棄的力量，那麼他們將能夠比以前，比他們對金錢嗤之以鼻並稱「金錢為萬惡之源」時成就得更多。

※

一位著名的高爾夫球選手有一次贏得錦標賽，領到支票，他微笑著離開記者的包圍，到停車場準備回俱樂部。

這時候一個年輕的女子向他走來表示祝賀，然後又說她可憐的孩子病得很重，也許會死掉，而她卻不知如何才能支付起昂貴的醫藥費和住院費。

高爾夫球選手被她的講述深深打動了，他二話不說，掏出筆在剛贏得的支票上飛快地簽了名，然後塞給那個女子。「這是這次比賽的獎金。祝可憐的孩子走運。」他說道。

一週後，高爾夫球選手正在一家鄉村俱樂部享用午餐。一位職業高爾夫球聯合會的官員走過來，問他一週前是不是遇到一位自稱孩子病得很重的年輕女子。高爾夫球選手點了點頭。

「哦，對你來說這是個壞消息。」官員說道，「那個女人是個騙子，她根本就沒有什麼病得很重的孩子，她甚至還沒有結婚！你被人騙了！我的朋友。」

「你是說根本沒有一個快病死的小孩子？」

「是這樣的，根本就沒有。」官員答道。

高爾夫球選手長嘆一口氣：「這真是我一個星期來聽過最好的消息。」

每個人都不可能不在意金錢，但金錢有時並不能解決根本性的問題。這位善良、高尚的高爾夫球選手並不因錢的損失而生氣，而是為沒有受苦受罪的孩子而釋懷。

當你實現夢想不僅僅是為了自己，而且也是為了別人的時候，你就會有更多的成就感。這不僅是因為你鴻圖大展，可以賺到更多的錢，更重要的是無論你是雇員還是企業家，當你培養了一種為他人服務的處事態度，你就會與眾不同，就會成就更大的事業。為他人服務的態度正是我們所缺少的東西，而正是這種東西可以讓你無比富有。

11

浮躁解碼

擺脫心靈的桎梏　找回自己的空間

11・浮躁解碼

一位事業有成的50歲男士在受頒業界至高榮譽「年度成功企業家」的4個星期前曾說道：「我不懂這代表了什麼。對我而言，生活不過是一連串的任務罷了，不是截止日、支票兌現、責任就是一堆依賴你的人，而且又沒有一個可以歇息的地方。我感覺自己像一塊餡餅的內餡被層層包裹著透不過氣來。有時候我真想把這一切全部拋開，逃到一個沒有人認得我而又有時間思考的地方。有時候我想冒個險，不去管婚姻、孩子、家庭、工作、朋友，一切的一切，只盼望有個喘氣的機會。可是這很矛盾，如果擺脫這些，我生活中所愛、所珍惜，以及費盡心血完成的一切就全都空了！我只知道，現在的生活方式使我越來越浮躁，而且它正在一點一點地摧殘著我的心靈。」

那位先生或許明白，如果不趁一切還來得及的時候下決心擺脫那種浮躁的生活，他便可能在不遙遠的將來不得不放棄他所在乎的一切。

現代社會越來越浮躁，人們的心也越來越浮躁。浮躁使我們享受不到平淡的生活，浮躁就如一株無根的浮萍，使我們遠離真實，過著虛幻的生活。

為什麼熬過那段吃不飽、穿不暖的日子，到了不用再去擔心溫飽問題，可以逛街、可以去酒吧，甚至可以住漂亮的房子，可以開豪華的車子的年代，人們的心卻漸漸地變得躁動不安呢？

也許是現在真的不比從前了。社會變革對原有結構、制度的衝擊太大，一些原有體制正在解體或成為改革的對象，而相應的新制度又尚未建立起來。在這種情況下，人們就很難對自己的行為進行預測，很難掌握自己的未來。

同時，伴隨著社會轉型期的社會利益與結構的大調整，有可能使一部分原來在社會處於優勢的人「每況愈下」，而原來在社會中處於劣勢的人反而擁有優勢。每個人都面臨著一個在社會結構中重新定位的問題，即使是百萬富翁也不能保證他們永遠揮灑自如。那些處於社會中游狀態的人更是患得患失、戰戰兢兢，在上流與下游兩個端點間掙扎；於是，心神不寧、焦躁不安、迫不及待，就不可避免地成為一種社會心態。

浮躁是一種由衝動、情緒和盲動相互交織的社會心理。當浮躁使人失去對自我的準確定位，使人隨波逐流盲目行動時，就會對家人、朋友甚至是社會帶來一定的危害。

在這個充滿著浮躁與不安的時代，每個人都已經變得有些浮躁與不安。似乎都在不由自主地問自己：「我能否擁有別種生活？」、「今天過後，明天會怎樣？」

一切都講求一個快字，快節奏已經成為了這個飛速變化社會的主題。網路、虛擬實境、新人類、新新人類、後現代已經成了流行用語，人們異常迅速地適應了速食文化、速食經濟學、速食人際學，敦厚、舒緩、循序漸進的特質似乎已沒有了市場。

一些心理學家認為欲望膨脹和浮躁不安，其實是人對社會急劇變化的一種心理反應，沒有這種激烈的反應，就沒有經濟的解構、網際網路、轉基因食品，更沒有傳統文化和觀念的更新與多樣化。從某種意義上講，在躁動不安的時代中掩藏著一種內在的和諧。

但是，躁動的心卻很難把握住生活的真實，甚至常常在努力追求著的某些東西時，又無意間拚命地放棄。在新經濟時代，一切都變化得太快，超乎我們的想像，我們已經找不到真實的邊界。就像一個萬花筒，輕輕一動，哪怕只有很小的移動，一種全新的、難以預測的、光怪陸離的圖案就呈現在你的眼中，這就是變化所給人帶來的困惑。

其實，浮躁也好，不安也罷，都是大型社會背景下的一種特有現象，我們的目標是要掙脫舊的生活框架，重新建立生活。實際上，在這些躁動不安裡，正隱藏著我們發展銳氣和對生命和諧的渴望。

當然，時代的發展並不意味著一切事物都在進步。

有人對一個貪杯的老兵說：你若不這麼酗酒，你早就當上將軍了！

酒鬼答道：當我每次端起酒杯，我就是將軍！

多好的回答！

保持這種人生姿態，還有什麼能困擾我們呢？

宋朝著名文學家歐陽脩在他的散文〈秋聲賦〉中這樣寫道：「嗟乎！草木無情，有時飄零。人為動物，唯物之靈。百憂感其心，萬事勞其形，有動乎中，必搖其精；而況思其力之所不及，憂其智之所不能，宜其渥然舟者為槁木，黟然墨者為星星。奈何以非金石之質，欲與草木而爭榮？念誰為之戕賊……」

他的意思是說：草木是無情之物，尚有衰敗零落之時。人為動物，在萬物中又最有靈性。有無窮無盡的憂愁來煎熬他的心，又有無數瑣碎煩惱的事情來勞累他的身體，費心勞神，必然會損耗精力。何況常常思考自己的力量所做不到的事情，憂慮自己的智慧所不能解決的問題，自然會使他鮮紅滋潤的膚色變得蒼老枯槁，烏黑光亮的鬚髮變得花白斑駁。人非金石，為什麼卻要以不是金石的肌體去像草木那樣爭一時的榮盛呢？仔細想想吧，傷害自己的到底是什麼？

一千多年過去了，隨著歲月流逝，後人已漸漸淡忘這種勸告。到了今天，人們那急功近利的心日趨旺盛。他們追逐金錢，追逐名利，為此不惜身家性命；他們在官場上汲汲營營，不惜犧牲氣節與品德。他們已把無恥作為追逐名利的旗幟，以卑鄙作為通行官場的護照。

無可否認，現代人是實際而勢利的。或許他們在備受前一階段精神崇高、生活貧窮的日子煎熬之後，再也不相信世上有所謂精神上的幸福，他們只要實實在在的好日子。這好日子必須是看得見、摸得著，而且先富有起來的人已經開始享受、令他們心羨不已的東西。

忙忙碌碌而又心緒浮躁的現代人已不再理會那些空洞的怡情之說，他們堅信，只能用權勢換得或用新臺幣購買到幸福。房子越建越大，車子越坐越高級，而且要求有極佳的減震效果，生怕震壞了現代人那脆弱的神經。人們的幸福觀越來越注重於物質層面，而精神層面變得越來越渺小。

人類文明發展到今天，人類在精神上的萎縮正反映出在物質高度發達的背景下，精神文明顯得多麼蒼白與貧乏！

古人說：「心安則靜，心亂則躁。」人的心靜了，才能神情安寧，思想明澈；反之，則心神不寧，心思雜亂，就會使人煩躁、易怒和傷神。

※

有一位富有的地主在巡視穀倉時，不慎將名貴的手錶遺失在穀倉裡。他因遍尋不獲，便定下賞金，要農場上的小孩幫忙尋找，誰要是找到手錶，就能得到獎金 50 美元。

眾小孩在重賞之下，無不賣力搜尋，奈何穀倉內都是散置成堆的穀粒及稻草，大家忙到太陽下山仍無所獲，結果一個接著一個放棄了。

只剩一個貧窮小孩，為了那筆巨額賞金，仍不死心地尋找著。

當天色漸黑，眾人離去，人聲雜遝靜下來之後，他突然聽到一個奇特的聲音。那聲音「滴答、滴答」不停響著，小孩立刻停下所有動作。穀倉內更安靜了，滴答聲也響得更為清晰。

小孩順著滴答聲，找到了那支名貴手錶，如願以償地得到了 50 美元。

可見，平靜能夠讓我們有所發現，平靜才能像鏡子一樣反照萬物，靜觀自得，倘若波濤洶湧，又豈能把美景映在水面？煩惱從何而生，原因就在於我們的心太不平靜了，在我們的心裡也許是雜念紛飛。當煩惱叢生、思緒飄忽不定的時候，內心怎麼會感到快樂呢？

如果你擁有一顆寧靜的心靈，就可以更超脫地看待一切，平心靜氣地享受生活。

平靜是一種人生享受，是人在繁忙中的嚮往。獨自靜思能夠過濾往日的煩擾，使人在浮躁的社會保持一份平靜。

現在就從調整你的內在生活做起，每天花點時間進行靜思。這種練習能使你的精神活動放慢。一旦你放慢內在混亂狀態的活動速度，你的外在生活自然也就慢下來了。如果你的外在生活被塞得滿滿的，習慣尋求外在的成就感，就很難使用這種方法。

第 1 步：建立自我意識

常常靜思可以更加客觀地了解自己的意識和思想。當然，你也不必為此在大峽谷面壁 49 天。靜思並沒有時間和地點的要求，散步時、開車時、購物時，都可以進行。你要做的就是經常想一想自己到底在做什麼？為了什麼？價值何在？這種靜思可以讓你跳出成天的工作應酬困境，不會忘記自己。沒有這種發自內心的自我意識，我們中的多數人便會在某些時候隨波逐流，不考慮自己生活的目的。如果你仔細去回憶，你會發現在過去的一年裡，自己都在無意識地約會、購物、應酬，以至換工作、搬家。而要達到的目的是轉瞬即逝的，所謂的成功其實是沒有任何意義的曇花一現，很快你就會感到內心的失落和空虛。那麼你會仍舊忙忙碌碌，完全沒有意識到內心深處真正的渴望，只有永無止境的疲憊和困惑。

第 2 步：尋求合適的靜思方式

很值得提出的是，不管你選擇何種靜思的方式，請務必要堅持到底。靜思就似靈魂吸塵器，若經常使用，你將受益無窮。逐漸地，你會發現外部世界並不能左右你的意識，因為你的內心深處已經建築起了一個堅實的基礎 —— 自我。不管你走到哪裡，你會發現那個真實的「你」永遠和你在一起。

第 3 步：集中精力

把思考集中在兩眼的中間位置，想像你窺見了靈魂中心，被白色的光所包圍，傾聽靈魂深處發出的聲音。當你坐在那裡時，你可以想像很多事情。此時，你的心也許是朵緩慢開放的鮮花。你還可以在想像中到達了你所期望到達的一個安靜的所在，那是一片遠離了人群的白色海灘，或者是一座山中的小木屋。

你還可以用念禱文的方式來集中精力。任何你認為重要的詞語都可以當作禱文，像「愛」，「平靜」，或是人人都在做的「呼吸」。如果你心裡不斷重複同一句禱文，也就可以借此使思維活動集中起來，或者使雜亂無章的思緒從頭腦中清除出去。反覆在心裡默念不僅可以幫助你減輕心靈的重負，而且還有助於你達到更高層次的意識境界。

第 4 步：堅守自我意識

當練習「靜思」一段日子後，你開始能每天感受到自我意識的存在了。你會發覺，一天中的大部分時間，你都很機械地生活著，意識不到自己時時刻刻在想些什麼。也許你偶爾會有自我意識覺醒的短暫時刻。就算是這點短暫的自我意識也會改變你的生活。可能你過去有某種被朋友拋棄了的感覺，這種舊時的感覺，會在你選擇再次接受社交活動邀請時出現在你的頭腦中。你不妨把這種念頭歸納為「恐懼」或「感到被丟棄」，或歸入其他任何一個合適的分類。此外你還可以記住那些令你感到愉快的想法，以便更加明確地意識到什麼是你生活中應具備的。

第 5 步：生活要有條理化

有條理的生活對靜思十分重要，因為，假如你的生活雜亂無章，一片混亂，那麼即使擠出固定安靜的時間是有可能的，你也很難做到。最好選擇一個不會被打擾的、安靜的時段，這樣你就不會常常面臨誘人的干擾。這麼做以後，會使你的生活輕鬆很多，你就能使外界活動按照你需要的時間表進行，而不會使你自己的生活受外界活動的控制。沒有人會說這樣做很容易，但如果你的外在生活簡單而有條理，追求內心世界的滿足為生活目標就容易得多了。

第 6 步：養成安靜生活的習慣

寂靜十分美妙，它把你與外部世界連繫在一起，這一點在你不斷遭受到外界噪音刺激時是無法做到的。在下一次有機會時，你不妨試一試。不要一鑽進汽車，就不由自主地把收音機打開，要把注意力集中在駕駛汽車上；靜靜地開，想想手放在堅硬、光滑的方向盤上的感覺，坐在方向盤前座位上的感覺，腳掌踩在煞車上的感覺，切實地注意你前面的路。我們常以為自己在看著前面的路，然而事實上，我們只是心不在焉地邊看邊想著如何去餐館買今天的晚飯等瑣碎之事。

晚上回到家後，不要忙著開電視。如果你是一人獨處，那種沒有人「作伴」的感覺也許很可怕，但如果你這樣過幾天，經過一個過渡性的階段，你就會逐漸適應了。

這時，你會發現，當那些困擾著你的喧鬧聲消失後，你就會更充分自由地享受悅耳的聲音。這些聲音會使你浮躁的心靈漸漸趨於平和。

12

憂鬱解碼

心中有愁天地窄　心中無事一床寬

古時候，有一個國王，厭倦了在宮內吃飯，便把餐桌擺在宮外。可是不久，他又厭倦了，坐在金碧輝煌的御座上，卻覺得不舒服；手持金杯，卻喝不出酒香；面對一大桌美味佳餚，卻味同嚼蠟。

這時，一個過路人來到該城，他遠遠看見國王坐在宮外吃飯，忍不住口水直流，因為他已經三天沒吃東西了。他咽下口水，打定主意，直奔把守衛兵，高聲叫道：「使節求見陛下。」衛兵一聽是外來使節，馬上讓開一條道讓他進去。

這位過路人徑直朝國王走去，到了國王的餐桌前，二話不說，抓起飯菜就往嘴裡送。衛兵見狀，全都衝上前來，用刀劍對準他的前胸後背。他依舊不顧一切地吃，一副狼吞虎嚥的樣子。

國王見此情景，讓衛兵退下，並示意過路人繼續用餐。

過路人飽食一頓後，國王說話了：「你說你是使節，那你告訴我，你來自何方？是哪國的使節？有何事相告？」

過路人坦然地回答：「陛下，我受肚子之託，是肚子的使節。」

國王又問：「此話怎講？」

過路人說：「陛下，所有動物從早到晚都在為生存而尋找食物，我也是如此。是我的肚子叫我到您這裡來的，我的肚子是空的，而您的餐桌上卻是滿滿一桌美味佳餚。」

國王又說：「可這是為我準備的美食，你怎麼敢搶食？」

過路人答道：「不，陛下，我不是搶食，是在幫您解決戰鬥啊！您一直愁眉不展地吃這餐飯，對您來說，要想吃完這一大桌飯菜，實在是太困難了。而我的到來，卻給您帶來了快樂。您的憂愁煙消雲散，因為，我幫您消滅了這桌上的殘羹剩飯。如果您能每天都請一位像我這樣的肚子使節和您一起用餐，您肯定會成為天下最快樂的人。」

聽了過路人的話，國王開懷大笑。

國王為何大笑？他悟到了什麼？

他嘲笑自己這個自以為天下最聰明的一國之君，竟沒能發現快樂的使者。這位無所不有的國王，在這個「快樂的肚子使者」身上看到了一個明亮的鏡子。他在這個鏡子中看到了自己的憂鬱。他在笑自己的過去，在重重壓力下坐在國王的寶座上生活，卻不知倘若脫去國王的衣服，就可以做任何生命的使者，可以解脫，可以快樂。

他發現陷入重重國事壓力的自己就像一個滿滿的肚子，沒有一點空間。他沒辦法再去思考解決問題的辦法，他被窒息了。他對自己的能力產生了從未有過的懷疑，於是他開始發愁，並對此一籌莫展。

如今他發現了解決問題的辦法，而這辦法竟然如此簡單，簡單到連傻瓜都能理解。肚子不餓就別吃，讓飢餓的人來幫忙吃；窮盡思路就別想，讓思路豐富的人隨便想。該吃的菜餚吃了，該空的菜盤空了；聰明人踏破鐵鞋找不到路，跟傻瓜胡亂走一圈，方知柳暗花明又一村。

剛剛遇到的使者是多麼妙不可言。國王發現他不該總讓自己當國王，還應該讓自己轉換角色當個使者。這樣他就能和那位「肚子的使者」一樣，可以隨便和過路的人交流，如此一來，他就會感到快樂。因為他要做一個快樂的使者，快樂可以解決憂愁造成的全部問題。

生在世間，人人都有煩惱，無論是誰都不可能與困難、挫折和憂鬱無緣。有的人遭逢大山壓頂也能泰然處之，有的人連遇見一株小草也會被嚇得喘不過氣來。人人都是一面鏡子，只有以他們為鏡，你才能發現自己也是鏡子。如果不能發現他們，將永遠無色、暗淡，不能真正享受到幸福、快樂。

憂鬱是禁錮人心靈的枷鎖，困擾人們不能在現實的世界中調適自我，只能漸漸退縮到自我的小天地裡來逃避憂鬱。

諾貝爾醫學獎得主卡瑞爾博士曾經說過：「無法處理憂鬱的企業主管，往往英年早逝。」事實上這句話適用於任何人。

有一位著名醫師在美國醫師協會年會上宣讀一份報告：他研究的176位平均年齡44.3歲的企業主管，約有三分之一的主管飽受緊張所引起的三種病痛困擾——心臟病、消化性潰瘍以及高血壓。想想看，三分之一的企業主管在活到45歲前就受到這些疾病的折磨，成功的代價何其沉重！可悲的是，有時他們還換不到真正的成功。

一位以胃潰瘍或心臟病換取成就的人是真正的成功者嗎？一個人失去健康，即使贏得全世界又有什麼用？即使他擁有全世界，他一個人也只能睡一張床，一天也不過吃三餐。

該醫師還宣稱，有半數以上的病床上躺著憂鬱症病人。如果用高倍數顯微鏡研究這些病患的神經，會發現他們多半跟普通人一樣健康。顯然他們的問題不是病理上的，而是挫折、焦慮、煩惱、恐懼、絕望等情緒所引起。柏拉圖說：「醫師所犯的最大錯誤，就是他們只管頭痛醫頭，腳痛醫腳，從不打算醫治病人的心理，其實人是身心合一的，怎麼能分開呢？」

科學家發現，有氧舞蹈是擺脫輕微憂鬱或其他負面情緒的最佳方式之一。

運動之所以能改變心情，是因為運動能改變與心情息息相關的生理狀態。舉例來說，憂鬱時生理處於低活動狀態，有氧舞蹈則可提升身體的活動量。同樣的道理，焦慮是高活動狀態，放鬆身體反而較有幫助。其作用原理都是打破沮喪或憂鬱的循環，使身心處於與原來情緒極不協調的狀態。

善待自己或享受一番也是常見的抗憂鬱藥方，具體的方法包括泡熱水澡、吃頓美食、聽音樂等。送禮物給自己尤其是人常用的方式，大採購或只是逛逛街也很普遍。經研究發現，女性利用吃東西治療悲傷的比例是男性的 3 倍，男性訴諸飲酒的比例則是女性的 5 倍。暴飲暴食或酗酒當然都有很大的缺點，前者會讓人懊悔不已，後者有抑制中樞神經的作用，只會使人更憂鬱。

心理學家指出，比較建設性的做法能夠改變看事情的角度，不過一般人除非接受心理治療，很少應用這個方法。譬如說結束一段感情總是很傷感的，很容易讓人陷入自憐的情緒（深信自己從此將孤獨無依），以致愈來愈絕望。但你也可以退一步想想這段感情其實也不是很美好，你們的個性其實並不適合。

另一個提升心情的良方是助人，憂鬱的人低沉不振的主因是不斷想到自己及不快的事，設身處地同情別人的痛苦自可達到轉移注意力的目的。經研究發現，擔任義工是很好的方法。然而，這也是最少被採用的方法。

最後一種方式是從超凡的力量中尋求慰藉，有宗教信仰的人可借助祈禱改變任何情緒，尤其是憂鬱。

※

有時，女性易於陷入憂鬱的心理危機中。

女性們每天花時間及精力處理工作和家常事務，替子女操心與懊惱。一到傍晚，她們總是感到精疲力竭，然而她們不曾意識到，這是因為她們將大部分的精神浪費於心理所造成的不安上。

人類的種種煩惱、憂慮，居然能榨取人的青春和生命，使人未到中年就出現老相。這豈不是天下之怪事嗎？許多年僅 30 歲的妙齡女郎，面部已開始出現皺紋。除了過度操勞或遭遇到重大的不幸事件外，促使她們未老先衰的，還有多愁善感的脾氣和容易憂鬱的習慣。

「憂鬱能使人老。」憂鬱會在人們的臉上刻劃出殘酷的皺紋！曾經有一個人，因為重大的憂鬱使他在 3 個星期之間，容貌大變，就像看見了兩個前後完全不相同的人一樣。

人們往往習慣於用藥品或手術挽救容貌過早衰老，這真是愚不可及。他們未曾覺悟，使他們衰老的，其實是憂鬱。醫治衰老的藥品只有一種，而這種藥品只在自己的心中可以找到，那就是天真坦然的態度和不再憂鬱的習慣。

有一位同事，總愛跟自己過不去，遇上一點事情，就胡思亂想，為自己製造煩惱。他為沒有收到新信件而煩惱，為心上人沒有邀他去跳舞而煩惱，為年終獎金不夠多而煩惱，碰上某個領導沒有向他打招呼也煩惱……煩惱一來，他就會好幾天精神不安。

當他察覺到煩惱給自己帶來高血壓、心臟病時，頓時後悔不已。他想克制自己，但煩惱一來，又無法克制。

後來在心理醫生的建議下他開始每天花 20 分鐘寫日記，把消極的情緒如實地寫在日記裡。心理醫生還告訴他，這個日記是寫給自己的，既要寫出正面，也要寫出負面。這樣就可以把消極情緒從心裡驅走，留在日記裡。

從此以後，這位同事堅持寫日記，透過寫日記來發洩自己的煩惱，遇上令自己猜疑的事，便在日記裡自己說服自己。他曾在一篇日記裡寫道：「今天我在樓梯上向某局長打招呼，可某局長陰著臉，皺著眉頭，理也沒理我一眼。我想他的態度冷漠不是衝著我來的，八成是家裡出了什麼事，要不然就是受到上級的責備。」在日記裡這麼一寫，他心裡的疑團一下子就煙消雲散了。

他還在另一篇日記裡提醒自己：「我翻閱上月的日記，發覺那時的煩惱到現在已經完全消失了，這說明時間可以解決許多問題，也包括煩惱在內。如果以後我遇到新的煩惱，就要不斷地提醒自己：現在何必為它煩心，一個月以後我就會忘記它。」

當你察覺到恐懼、憂鬱的思想侵入你的心中時，你必須立刻將你的心中充滿各種希望、自信、愉快的思想，不要坐視讓這些剝奪你幸福的敵人在心中盤踞起來！立刻把那群魔鬼驅逐出你的心靈！

驅除輕度憂鬱，如果不想請醫生或跑醫院，可以嘗試自己治療。只要用希望替代失望，用樂觀替代悲觀，以鎮定替代不安，用愉快替代憂鬱就夠了。另外，保持身體的健康也很重要，甜蜜的睡眠和清爽的神智，都是可以減少憂鬱的妙方。

如果你不幸患上了憂鬱症，那麼你需要繼續往下看。

首先，讓我們了解一下產生憂鬱症的壓力徵兆有哪些？

- **思考**：注意力不集中、記憶力差、優柔寡斷、自我否定、悲觀厭世、極度自私。
- **情感**：悲傷、冷淡、內疚、不理智、沒有欲望、無助。
- **行為**：活動量減少、與他人隔離、休息不好、哭泣、性冷淡、胃口改變、睡眠差、反應遲鈍。

憂鬱症產生的原因又有哪些呢？

——太多的欲望。你可能會因為有太多的事情要做，以及有太多人在不同的方面要求你而感到不知所措。

——失落。任何形式的失落都會使你感到憂鬱。你可能會因為最近失去了一位深愛的人，或者是因為丟掉工作以及退休之類的事情而十分苦惱。其他的失落還可能包括失去希望和失去自己的形象，常常是在諸如分居或離婚這類生活重大轉變之後，以及一些重要的東西失去之後。

——過多的變故如果在很短的時期內出現，就會導致壓力，最終變為悲觀憂鬱。

那麼，我們該如何擺脫憂鬱症呢？

- **為自己制定簡單的任務**：即使是你自己覺得沒有興趣和缺乏動機，每天也要完成一些簡單的任務，如打個電話或者是寫封信。雖然你可能覺得這樣做很無聊，但是請把它看做是良好感覺的一個開端。「良好的開端是成功的一半。」
- **克服消極思想**：把自己的消極思想記下來，如「我是個失敗者」或者是「沒有人喜歡我」。面對這些反常思想，並理智地克服它們。一旦這些思想暴露出來，其中的許多便會顯得很荒謬和不可理喻。
- **把自己的活動寫到日記中**：每一天結束後，把自己一天所做的事情記錄下來。按照這些活動帶給你的快樂程度把它們排列出來，並且有意識地計劃做更多自己喜歡的事情。
- **多與他人溝通**：信任自己的密友和家人，把自己的感受告訴他進行更多的戶外運動：有意識地多做一些身體方面的鍛鍊，即使僅是散步或者是游泳之類的鍛鍊。在鍛鍊的過程中，體內會產生自然的抗憂鬱激素。養花、種草和閱讀一類的活動也有助於分散你的消極思想。
- **及時檢驗自己的目標**：不要去想自己的生活應該往哪個方向走，應該考慮你是否在做自己真正想做或者是傾向於去做的事情。

工作中的不快會直接影響我們的心態，導致我們在生活中產生憂鬱的情緒。我們的目標是讓自己能從工作中受益，希望自己能有更多的自我發展的機會。我們不應該讓工作中的不快影響到個人生活。

我們怎樣才能讓自己積極地工作和快樂地生活呢？

- **建議 1 —— 關注工作中的積極面**：無論在工作中還是在個人生活中，能真正控制我們態度的人只有我們自己，我們越關注積極的事物或事態變化，我們就越能蓄積更多的能量抵禦消極的侵入，從而使自己積極地工作和生活。

  工作中長期的壓抑和煩悶無疑對你及僱用你的人來說都是一種無形的傷害，要避免受傷，你只能調換工作或者改變當前的態度。但無論你做怎樣的選擇，首要的一步就是為自己樹立良好的聲譽，讓自己能樂觀地對待工作；其次就是讓自己始終關注積極的事物，而不要讓消極因素影響你的行為。其實每個人都有抵禦消極的能力，只要你願意。

- **建議 2 —— 將你的工作當作是一個你願意逗留的地方**：你能讓自己的生活豐富多彩，你也完全能積極活潑地工作。也就是說，你可以嘗試著用一種輕鬆的心態和良好的情緒來對待工作。想像工作中你會碰到許多有趣的美好的事情，你的工作自然就不再單調和壓抑。

  當我們採取一種輕鬆的方式應對時，誰還會說工作古板單調？工作可以是在夏天的高速路上急馳，在這樣的行進中碰到的任何事都是那樣的新鮮刺激。我們不妨捫心自問：「工作為什麼就不能成為一種快樂？我們為什麼要將快樂時光都積攢下來等到週末才享受呢？」

  工作不應該是一週 40 個小時的處罰，它不應該是一種痛苦的忍耐，相反，工作應該是能展現人們才華的、讓人們感受自身價值的舞臺，它應該是一個激發人們的熱情、展現其積極態度的場所。

- **建議 3 —— 將自己當作團隊的一員有助於改善你的態度**：當 3 個人從不同的方向推動物體時，這個物體不會發生大幅度的移位；然而當這 3 個人從同一個方向來推動物體時，他們則可能將此物體推向他們所希望移動的地方。

無論你在哪裡工作，無論你從事怎樣的工作，始終記住你不可能是孤立的一員，你將同那些與你有一樣追求的人們一起透過協作來實現你們共同的目標，但身為團隊的一員，並不意味著你必須做無私的奉獻，有時，考慮自己的私利也是可行的。然而，當我們為了工作業績的提高而集合在一起時，我們需要考慮的是我們能為這個團隊做些什麼，而不是團隊應為我們做些什麼。

當我們真正地參與到一個團隊中並為團隊的建設而努力時，我們自己同樣能從中受益。

- **建議 4 —— 給自己兩個肯定**：如果你能將積極的態度運用到工作中的話，你自然就給予了自己兩方面的肯定。第一個肯定就是你能正確地定位自己將來的個人發展，即多賺錢，讓自己能過得更好；第二個肯定是當你能積極地對待工作時，你將能更積極地對待生活。

13

憤怒解碼

氣大會傷身　平心靜氣少出錯

有一個年輕人到一個海上石油鑽井平臺求職。領班要求他在限定的時間內登上幾十公尺高的鑽井架，把一個包裝好的漂亮盒子送到最頂層的主管手裡。

他拿著盒子快步登上又高又狹窄的舷梯，氣喘吁吁、滿頭大汗地登上頂層，把盒子交給主管。主管只在上面簽下自己的名字，就讓他送回去。他又快跑下舷梯，把盒子交給領班。領班也同樣在上面簽下自己的名字，讓他再送給主管。就這樣，反覆折騰兩次之後，年輕人已經疲憊不堪了。

當他第三次把盒子遞給主管的時候，主管看著他，傲慢地說：「把盒子打開。」他撕開外面的包裝紙，打開盒子，裡面是兩個玻璃罐，一罐咖啡，一罐粉末狀奶精。此時年輕人已經十分憤怒，他有一種被耍弄的感覺。

這時，主管又對他說：「把咖啡泡好。」年輕人再也忍不住了，「砰」地一下把盒子扔在地上：「我不做了！」說完他往下看了看地上的盒子，心裡感到痛快許多，剛才的憤怒全釋放了出來。

那位傲慢的主管直視他說：「剛才讓你做的這些叫做極限承受訓練，因為我們在海上作業，隨時會遇到危險，就要求隊員身上一定要有極強的承受力，可惜，前面三次你都通過了，只差最後一點點，你沒有喝到自己泡的甜咖啡。現在，你可以走了。」

那個年輕人一聽，懊悔不已，恨不得搧自己幾記耳光，可是一切都為時已晚。

故事中的年輕人本來會擁有一份好工作，可是由於沒通過最後的考驗，輕易地發怒而沒有喝到自己泡的甜咖啡，實在是可惜啊！

輕易地發怒，這在大多情況下不但沒有解決問題，反而激化了衝突，得不償失。

你要明白，憤怒容易壞事，還容易傷身，人在強烈憤怒時，惡劣情緒會致使內分泌發生強烈變化，這些大量的荷爾蒙會對人體造成極大的危害。

培根說：「憤怒，就像地雷，碰到任何東西都一同毀滅。」如果你不注意培養自己忍耐、心平氣和的性情，一旦碰到「導火線」就暴跳如雷，情緒失控，就會把好事情全都炸掉。

我們每個人都避免不了動怒，憤怒情緒也是人生的一大危害，是一種心理病毒；它同其他病毒一樣，可以使你重病纏身，一蹶不振而後悔不已。

憤怒是你在嬰兒時代所體會到的第一種情感，也許也是你學會有效處理一切問題的最終情感。憤怒是因挫折、威脅和傷害而爆發出來的一種很自然感受，同時對於生存來說，它也是一種積極的和具有建設性的情緒。

憤怒的作用在於，你最需要它的時候，它把你體內生理和情感上的能量完全地釋放出來。

在現實生活中，是什麼使你感到憤怒呢？

- **刺激**：很小的一件事情可能就是導致天秤失去平衡的原因，而成為「最後一根稻草」。
- **身體上的緊張**：你的身體處於一種緊張的狀態當中，你隨時準備要爆發。
- **太多的需求**：正是由於有太多的事情要做，你可能感到緊張，感到有壓力。
- **缺乏靈活性**：你的思想太呆板。你經常會說「必須」、「應當」、「應該」之類的話。
- **對挫折的容忍能力差**：非常小的事情都可能使你感到困擾。

- **悲觀主義**：你傾向於看到事物消極的一面。一旦事情朝不利的方面發展，你常常會說「糟透了」和「真可怕」。
- **抑制自己的憤怒**：你發現很難把自己的想法表達出來，而讓不滿的情緒在自己內心蔓延。

憤怒者不僅僅會表現出厭煩或生氣。厭煩或生氣只是外在表現出的情緒，其核心則是抗拒。

讓我們來看看心理學家們是如何看待「憤怒」的。我們在這裡所提的憤怒是指當某人在事與願違時做出的一種抗拒反應。它的形式有勃然大怒、敵意、亂摔東西甚至是怒目而視、沉默不語。它使人陷入抗拒，其起因往往是不切實際地期望大千世界要與自己的意願相吻合。當事與願違時，便會怒不可遏。

假設你有一個 3 歲的女兒，她正在街上玩耍，而且很可能會被車子撞上，你板起臉大聲叫她回來。如果你覺得這樣高聲說話的目的是為了讓孩子別在危險的地方玩耍，那麼這倒不失為一個很好的方法。然而，如果你因此而真的生氣，氣得臉發紅、心跳加快、亂摔東西 —— 總之，在一段時間內陷入暴躁，那你便是處於憤怒狀態了。

其實，你完全可以透過其他方法教育孩子，根本犯不上自尋憤怒。你可以這樣想：「女兒在街上玩很危險，我要讓她懂得在街上玩耍是不能允許的，我要高聲叫她回來，以表明我的堅決態度，但我無論如何也不會為此勃然大怒的。」

※

有這樣一位媽媽，她根本不能控制自己的憤怒。每當孩子淘氣時，她總是大發脾氣。可是，她越是發脾氣，孩子們就越淘氣。她懲罰他們，把他們關在屋裡，並對他們大聲叫罵，她自己還憤怒不已。與其說她在當媽媽、帶孩子，倒不如說她在帶兵打仗。她光知道大聲叫罵，一天下來，猶如從戰場歸來，累得筋疲力盡。

你看，孩子們知道他們淘氣會惹媽媽生氣，可是他們仍然不聽話。這是為什麼呢？因為憤怒就是這樣捉弄人：它根本不能改變別人，只能使別人更想控制動怒的人。如果要上面提到的孩子們說出他們淘氣的理由，他們或許會這樣告訴你：

「知道怎樣讓媽媽動怒嗎？只要說這樣一句話，做那樣一件事，就可以控制她，讓她氣得發昏。你會在屋裡被關一會，不過那是無所謂的，因為你會得到很多，以這麼低的代價就在感情上完全控制了她！既然我們能對媽媽施加這麼大的影響，我們應多這樣逗逗她，看看她會氣成什麼樣。」

從這個例了可以看出：在生活中，不管對什麼人動怒，都只會讓對方繼續自行其是。儘管惹人生氣的人有時會後怕，但同時也使他明白自己可隨意令對方動怒，從而在感情上控制對方。可憐的是，發怒的人往往認為可以透過憤怒來控制對方。

當你想發怒之前，應當充分地預見它可能給你帶來什麼樣的麻煩與後果，並能對此做一番評估。

雷德福．威廉斯（Redford B. Williams）是美國著名的精神病學專家。他向自己的病人建議，在你感覺自己就要發脾氣之前，一定要問自己三個問題：

1. 這件事是否很重要？
2. 我的反應是否恰當？
3. 情況是否會有所改變？

如果你能認真地回答這三個問題，那麼你動輒就為小事發脾氣的壞毛病就會改變，這同時也讓你對一些根本無法改變的事情，抱之以平常心。不僅如此，它還能讓你了解到自己是不是真的應該發一發脾氣。

一次，雷德福．威廉斯與幾個醫生開會。當他陳述完自己的某個觀點之後，一個醫生竟然用「荒謬可笑」來評價它。這讓威廉斯大為惱火，不過，他並沒有按照自己的當下反應立即予以回擊。相反，他冷靜地用自己平時教給病人的方法，對自己提出了三個問題。

「這件事是否重要？」他自答道：是的，它非常重要，我的研究成果不能就這樣被說成是「荒謬可笑」。

「我做出這樣的反應是否恰當？」他回答：是的，即使到了法庭上，法官也會認為我的生氣是合情合理的。

最後，他問自己：「情況能否會因此有所改變？」他回答道：「是的，我必須讓這個人意識到，如此不尊重別人的做法是錯誤的，而我的研究結果將會被更多的人認可。」

進行完了這一系列的思索之後，威廉斯對剛才那個說他「荒謬可笑」的醫生說：「對不起，先生，請你不要用『荒謬可笑』來評價我的成果。」那位醫生隨即向他表示了道歉，威廉斯緊張不快的情緒也就頓時冰釋了。

日常生活中，像排隊、塞車、遲到這樣讓人煩躁的事情，可能每天都能碰到。這時，你最好能改變態度，讓自己以平靜的心態去面對它。

從病理學角度來看，憤怒可導致高血壓、潰瘍、皮疹、心悸、失眠、困乏甚至心臟病；從心理學角度來看，憤怒可以會給你的工作帶來巨大的壓力。

科學家研究顯示，動物在「戰鬥時」會有壓力的反應，內臟、神經組織、免疫系統，會為了防備外敵而產生反應。為了取得勝利，體內的能量會集中起來。因此，即使是多少有些力不從心，全身也能處於戰鬥的狀態。這種狀態要是長久持續下去，會帶給身體劇烈的副作用，這便是壓力的害處。

和動物相比，人類在極端憤怒時，很少會直接與肉體上的戰鬥產生連結。但是，人類的身體仍然保留著那種結構。雖然頭腦知道自己不會與對方發生扭打在一起的情況，身體仍然會處於備戰的狀態。

憤怒不只會給自己的身體帶來不良的影響，也會引起周圍之人不愉快的情緒，而且多數都會反彈回自己的身上。

不管任何人，即使錯在自己，在遭到別人的怒罵時，心情也不會很好。何況是當自己盡心盡力地工作，卻被上司不分青紅皂白地怒罵一番。

在這種情況之下，人可能會因此失去幹勁或忠誠心，甚至還會產生憎恨的心理。有時還會把別人的好心當作惡意而怒不可遏，我們不妨認為這是自作自受。憤怒會給公司帶來損失，可是要抑制情緒的發作也相當困難，特別是企業創立者或獨裁老闆。

人類往往會以自己的能力和感情為基準來衡量他人的能力。這種心態令部屬非常困擾。因為從能力超群的創業者來看，一般的部屬都是「沒有能力、行事不謹慎、對公司的忠誠度不夠」，部屬的所作所為令他不滿而頻頻動怒。

有這樣一位實力雄厚、能力優異的經營者，被外界一致看好將來能夠肩負工商界大任。但是，他有一個非常大的缺點，就是易怒，生氣的樣子極為可怕，凡是被他責罵過的員工都實在是受不了，而紛紛跳槽。

有一位前輩非常擔心他的未來，傳授他一個祕訣：「你生氣的時候，就趕快叼一根香菸，在還沒有抽完之前，什麼話都不要說。」他接受了前輩的忠告，如實地遵守。抽完一根菸需要二三分鐘的時間，在這一段時間內，他發現讓自己頻頻動怒的原因其實很渺小，因為生氣而失去的東西，反而更大。

人們在活動中會深深地感受到生氣非常大的負面影響。在憤怒的當下做判斷時，因為情緒衝動，眼光會非常短淺，思慮不夠周密，事後一定會覺得後悔。不管處在什麼情況之下，都必須保持冷靜、不可動怒的態度，這是非常重要的一件事情。

憤怒會毀了一個人的生活。無論你平時是一個多麼富有魅力的人，當你發怒時，你的優雅與魅力都將蕩然無存。一個聰明的人，首先要懂得如何恰當地表達自己的不滿，但絕不是透過大發雷霆的方式。

※

王太太正在教她 5 歲的兒子偉偉使用剪草機，母子倆剪得正高興時，家裡的電話鈴響了，王太太進去接電話。不一會兒，她走出來，看到一幕慘劇：偉偉把剪草機推向她最心愛的鬱金香花園，不一會兒，已經有兩公尺長的花圃被剪掉了。

王太太看到這一切，青了臉。眼看她的巴掌已經高高地舉起……忽然，王先生也出來了，他看見滿地狼藉的花圃，馬上明白發生了什麼事。丈夫小聲、溫柔地對太太笑道：「親愛的，我們現在最大的幸福是養孩子，不是在養鬱金香，你說對嗎？」2 秒鐘後，他們交換了一個微笑，一切歸於平靜。

很可惜我們的教育，往往只是教我們如何把書讀好、進好學校，但很少有人能教我們怎麼去度過一個有價值的人生。

對一個成人來說，在工作中克制怒氣可能還不算太難，可是在不知不覺中，人們已經將自己的壞脾氣帶到了家裡。你的伴侶、孩子都有可能成為你發洩不滿的「出氣筒」。許多人發現，自己的伴侶不再像以前那樣溫柔了，而是變成一個容易發怒的人。久而久之，最初的甜美愛情被侵蝕了，夫妻間的感情越來越淡薄，家庭不再和諧而美滿。

有一點千萬要記住，絕不可對孩子發脾氣，那很可能給他們的一生帶來莫大的傷害。由於他們不能更多地了解事情的來龍去脈，他們很容易將父母心情不好的原因歸結到自己身上，進而產生很深的罪惡感和恐懼感，這會長久地給那些正處在成長期的孩子造成心理上的陰影，影響到他們性格與品德的形成。

事實上，避免發怒是輕而易舉的事，可以輕輕鬆鬆地做到，只要你採取一些很有用的必要措施。此外，你還應當了解到，對別人發怒，其實受害者正是自己。發怒會引起一系列的身體變化，它們極大地危害到身心健康，還有可能誘發一些具有高危險性的疾病。

生氣往往於事無補，還是心平氣和的態度更能解決問題。

把怒氣發洩在無關緊要的小事上，可以使你養成遇到任何大事都鎮定自若的忍耐力。

※

畢林斯先生曾任一間知名煤氣公司的總經理達 30 年之久。他在任職期間給人留下最深刻的印象，就是他對於許多小事常常會大發脾氣，對於那些重大事情卻反而鎮靜異常。

有一次，他搭車回家，下車時，把一盒雪茄遺落在車裡了，不久他記起來，再返身去找，但早已不見了。這包雪茄的價值，不過是 5 美分一支，對他而言真可算是微乎其微的損失。但他竟因此而氣得面紅耳赤、暴跳如雷，以致旁觀者都以為他失去的是一件什麼價值珍貴的寶物。

後來有一次，他遭遇了比丟失雪茄還嚴重 10 萬倍的損失，卻反而鎮定得若無其事。

那是全世界鬧著經濟恐慌的年代，畢林斯先生有好幾天因為臥病在床，沒有去公司辦公。就在這幾天裡，有一家銀行倒閉了，他湊巧在這家銀行裡有 3 萬美元的存款，結果竟成了「呆帳」。等到他病癒後，聽到這個消息，卻只伸手搔了搔頭髮，然後沉思了一會兒，便說：「算了，算了。」

遇到一些感覺不快的小事時，儘管發洩你的怒氣，直到你的心境完全恢復平靜為止。因為這樣可以使你永遠保持開朗穩定的情緒，使你一旦遇到大事發生，就可以精神從容地應付。否則，不論事情大小，遇到怒氣便積在心裡，等到面臨更大的打擊時，你堆積多時的大小怒氣，便會如爆開的氣球一樣，衝破理智的範圍，使你變得毫無控制的能力。

憤怒是對遭遇傷害、挫折、威脅和損失的自然情感反應。你若能恰如其分地表達憤怒，那往往會成為一種激勵自己的動力，幫助你前進並改變你的生活。

※

說起來也許無人相信，規模宏大的紐約勸業銀行，它的創立與發展，來自該行總經理佛勒的一怒之功。

有一次，佛勒與某大銀行的一位經理見面時，偶然說起他想在長島設立一家銀行，若能如願以償，將來生意一定發達，前途未可限量。但是那位經理怎樣回答他呢？他不但對於這個計畫不加半點批評，而且露出十分輕蔑的樣子說：「好啊！只要你的命夠長，也許有一天，你可以在這裡開一家銀行。」說著便起身告辭。

後來，佛勒先生告訴別人說：「當時我聽了他的冷言冷語，不覺燃起萬丈怒火，這是什麼話！『只要你的命夠長』這不是等於說我是一個庸碌無能、怠惰成性、專等機會的人嗎？這不是等於譏諷我這輩子也開不了銀行嗎？這樣的一個恥辱，豈是一個堂堂男子所能忍受？好，那我就盡快著手開設一家銀行給他瞧瞧，而且非使我的銀行營業額超過他的紀錄不可。於是我真的那麼做了，而且不到 4 年，我們銀行的存款數額就超過了他的一倍以上。」

佛勒如果當時沒有那股怒火，說不定就不會開銀行。

談到你的憤怒情緒，首先，你得明辨幾種阻止你表示憤怒的觀念。

- **擔心被他人看見自己的情緒失控**：若認為自己應當永遠都表現出色，氣憤和煩惱都是不對的、不恰當的，那你的行為很可能開始變得消極起來。你將會失去自我，完全按他人的意願行事，這將導致怨恨的產生。
- **擔心會產生不良反應**：你若發怒，別人就會對你進行報復，這一觀念往往源於孩提時代，可能是當時你因為發怒而遭到父母或其他大人的嚴厲懲罰。然而，成人生活中，發怒帶來的反應的風險遠遠小於你壓制感情而給自己帶來的問題。
- **擔心傷害他人**：人很容易產生這樣的想法：「我若發怒，就會徹底擊垮他人。」注意別低估對方的脆弱，認為他們無法應付你的怒火。你若發怒，對方一定會妥善處理，不過你應當為你們之間將發生改變的關係做好準備，也許你們的關係會變得越來越好。
- **擔心憤怒有害無益**：不要害怕坦率而本能地表達你的憤慨，往往使人們勇敢起來，注意你對某事強烈的感受，從而做出積極的、有建設性的改進。勇敢地面對諸如「生氣是消極而有害的」思想。
- **擔心失去控制力**：你若在恰當的時候，適當地釋放自己的情感，就不可能失去控制力。你對自己的憤懣越熟悉，就越能控制它。若過分地抑制憤怒，一旦爆發出來，你就會對這種情緒感到陌生，從而失去對它的控制。

那麼，我們如何在工作和生活中控制住自己的憤怒呢？

- **第一，不要壓抑怒火**：你若覺得煩惱，及時找人談談，這樣一來會減輕你的緊張程度。把瑣碎的煩惱吐露出來能避免怒火在胸中滋生，就不會導致最終的勃然大怒。
- **承認自己的情感**：承認自己在生氣，不要為此而責怪他人，應該這樣說「當……時，我真的很生氣」，而不要說「你真的讓我很氣憤」。要知道那是你自己的看法，並非他人使你感到氣憤。
- **審視自己憤怒的程度**：要了解從輕微的煩惱到盲目的勃然大怒等各種憤怒的程度。要注意相應的各種生理變化，從輕微的肌肉緊張到呼吸急促、心跳加快、顫抖、渾身發熱、滿臉通紅。
- **要及時了解起因**：憤怒主要源於固執呆板的信念。審視一下束縛你的框架，看它們有多刻板。你的信念越靈活，你就越不會感到心灰意冷，怒火中燒。同時自問當時的情況是否觸動了過去的情感。
- **要學會寬容**：你的怒氣發洩完之後就要開始努力忘卻發生的事，寬容對方，言歸於好。你當時若做得過分，那就道歉。接受並理解他人的憤怒，我們都不是十全十美的人，都在努力駕馭著我們複雜的情感。

14

懷舊解碼

昨天已經過去　可以抓住的只是今天

卡內基的一位朋友失去了自己的丈夫，她痛不欲生，從此以後，她便和成千上萬相似情況下的人一樣，陷入了懷舊的痛苦之中。

「我該做些什麼呢？」在她丈夫離開她近一個月之後的一天，她跑來向卡內基求助，「他離我而去，我還會有幸福的日子嗎？」

卡內基極力向她解釋，她的焦慮是因為自己身處不幸的遭遇之中，才50歲便失去了自己的生活伴侶，自然令人悲痛異常。但時間一久，這些傷痛和憂慮便會慢慢減緩消失，她也會開始新的生活——從痛苦的灰燼之中建立起自己新的幸福。

「不！」她絕望地說道，「我不相信自己還會有什麼幸福的日子。只有我和他在一起的日子才是幸福的。沒有了他，我是不會再有幸福了。」可憐的婦人最後得了嚴重的懷舊症，她無法忘記過去與丈夫在一起的美好生活。

幾年過去了，卡內基發現朋友的心情一直都沒有好轉。有一次，卡內基忍不住對她說：「我想，妳並不是要特別引起別人的同情或憐憫。無論如何，妳可以重新建立自己的新生活，結交新的朋友，培養新的興趣，千萬不要沉溺在舊的回憶裡。」

但是這位朋友並沒有把卡內基的話聽進去，因為她還在回憶著過去。後來，她覺得孩子們應該為她的幸福負責，因此便搬去與一個結了婚的女兒同住。

可是，事情的結果並不如意。同住令她和女兒都面臨痛苦，關係逐漸變差，甚至惡化到反目成仇的地步。這個婦人後來又搬去與兒子同住，但也好不到哪裡去。後來，孩子們共同買了一間公寓讓她獨住，這更不是真正解決問題的方法。

有一天，這個婦人對卡內基哭訴道，所有家人都棄她而去，沒有人要她這個老媽媽了。這位婦人的確一直都沒有再享有快樂的生活，因為她認為只有丈夫能夠讓她得到快樂，而現在丈夫沒了，她認為全世界的人都虧欠她。她實在是既可憐，又自私，雖然她已經 63 歲了，但情緒還是像小孩一樣不成熟。

誠然，人是一種善於懷舊的動物。我們對於過去的種種無法做到馬上遺忘，我們花費了太多的精力去緬懷過去，沉浸於往昔中。而經常沉迷於過去的事物使我們的心智變得遲鈍。我們無法改變過去，卻又攜著這個沉重的包袱，不肯擱置到一旁。

當然，懷舊也是一種常見的心理現象。從社會原因來看，由於社會各方面不斷變化，社會地位與經濟利益受到衝擊的那一部分人，極易產生失落感，但又無能為力，只能透過懷舊的方式表達對現實的遺憾。

從主觀方面看，懷舊實質上是一種對現實生活的躲避和遁逃，它是人們逃避現實的避難所。

要知道，人習慣的形成是一種過程，生活和經驗也是一種過程。如果我們不能與這些過程一同向前，我們不久就會發現（如果你願意發現的話）自己的行為乖僻而沒有建設性。生活不是靜止的，而是活動的，你也不能讓自己的思想永遠停留在一個過去的節點上。

你可能不光是掛念已經無法扭轉的過去事件，並且還思慮著以前的錯誤。其實你要做的不是責備自己，而是避免類似事件的再次發生。僅僅停留在過去的錯誤中是毫無意義的。但是如果你不能對折磨你思想、不斷破壞你生活的事物做點建設性的事，至少要把這些事甩到一邊去。你應當決定一下，是讓這些錯誤和創痛的經歷傷害你一次，還是傷害許多次。如果我們不斷在記憶中重現舊日疼痛，我們就給了最初導致傷痛的人和事一再傷害我們的機會。

你可以把這樣的記憶封存起來，或者做一些其他的工作，讓新的經驗來「刷新」它們，關鍵就在於你要信賴自己的今天，並且努力地把握它。

持續不斷地靠懷念過去來逃避現實（逃入往事的回憶之中），是一種無益的習慣，其結果往往是使人逃避成熟的思考，而進入虛無縹緲的幻想境界。

患了「懷舊病」的人，會使自己脫離極為重要的生活，為了今天的生活而生活的生活、每一天都有一些特殊之處的生活。這種生活愈有不如意之處，他對「過去的大好時光」懷念得愈厲害。如果這種習慣變成一種固定的模式，他的思想就會常常虛幻不實。他之所以感到孤單寂寞，是因為他的懷舊想法已經使他脫離了同伴。

我認識的一個中年人曾經是一名優秀的籃球運動員，在校隊裡叱吒風雲。他的兒子也喜歡籃球。每次看完兒子的比賽，他都對兒子的出色表現視而不見，而是拚命挑剔他的每一個小小的失誤。並且摸著凸出的肚子誇說自己當年在球場上的「神勇」，這場球如果有他會怎麼樣怎麼樣。

多可笑呀！如果你沉浸在曾經的過去裡無法重新給自己一個確切的定位。死死地抱住這種過去只能說明你對今天的自己沒有信心。其實你永遠都有機會發掘出一個新的自己。

你要隨時對改變生活有所警醒。如果你的生活形態已經陳舊，顯得無聊而缺少活力，那麼你就要下決心擴大自己的知覺，從一成不變的過去中走出來。

過去的傳統和行為一樣，可能變成多餘的包袱。它們會用「應該」和「必須」來壓制我們，使我們被那些不符合我們所喜愛的生活方式的觀念所導引。如果我們還覺得必須珍惜、遵守那些已經沒有價值的傳統，那麼我們很容易對它們產生依賴性。這時候，我們就需要從傳統中自拔。我們要站得遠遠地重新審視這些傳統，看哪些應該珍惜、哪些應該放棄。

奧地利最著名的宗教哲學家馬丁·布伯（Martin Buber）說過，現代人是「把永恆的呼吸注入每天不變的生活中」，他說，如果我們甘心拋掉過去的破瓦礫，發展感知當前周遭一切的技巧，那麼，一種寬廣的意識才可能為我們所有。

治療此種「懷舊病」的辦法是「懷新熱」。這種「懷新熱」是一種積極創造的思想，所思想的不是過去，而是現在和未來。它是一種自我改善的渴望，為了今天和明天，並使它成為一種習慣。我們必須對自己有更深的認知，以便做我們自己更好的朋友，作為自我改善的一部分。

這種「懷新熱」是一種渴望：渴望知道我們是活在「現在」裡面，而不是活在多年以前裡面。它是一種熱切的渴求：渴求避開失敗機運的陷阱，發動成功契機的作用，以便使我們每天的日子過得更豐富。它是一種決心：決心使我們的日子過得更積極，充滿與他人共處時的美好感覺和趣味。

還有一種「懷舊病」是對過去曾經犯下的錯誤的無限悔恨。患了這種「懷舊病」的人，會喪失追尋新生活的自信。實際上，這種沉重的情緒是徒勞無益的，它不但不能改變你曾經有過的過去，而且還會影響到你的現在和將來。

※

在生意場上認識的陳先生是個痴情男子，娶了一個算不上漂亮但很有魅力的女孩作為自己的伴侶。這對小夫妻卿卿我我、恩恩愛愛，生活十分美滿。然而好景不長，在一次意外的車禍中，陳先生的妻子不幸命喪黃泉，其妻腹中還遺留他們剛孕育的愛情結晶。這飛來的橫禍、意外的打擊，令陳先生痛不欲生。快樂的日子從此離開了陳先生。儘管不久後他在熱心好友們的撮合下又娶了一位漂亮可愛的太太，可是當他每天一回到家裡，那位逝去的妻子就占據了他整個身心。第二個妻子終於忍無可忍地離開了陳先生。

在我們生活的周圍，也有很多人像陳先生那樣被默默地受懷舊情緒的影響，他們簡直成了名副其實的懷舊機器。這種機器的運轉設定是這樣的：某人發出一個訊息，這一訊息回饋到你的身上，而你身上的懷舊裝置根據過去所說或未說、感覺過或未感覺過、已做或未做的事情來得出一種結論：現實已經改變。於是，當你得知這一消息，便會在現實中感到情緒低落，並為自己過去的事情感到後悔和不安。這樣一來，你便成了悔恨機器，一種能夠行走、說話、呼吸的機械。只要他人為你加入適當的燃料（即相關資訊），你便可以再生懷舊與悔恨。

懷舊會使人沉迷於幻想，使人憂鬱以及自怨自艾。我們千萬不要讓這種情形發生在自己身上。

奧戴爾．謝帕德（Odell Shepard）說：「記性不好的人，永遠覺得生活清新有趣。」

健忘之人的思想像泉水一樣，永遠清澈流暢。他覺得現在更加有趣，因為他對過去已經印象模糊。於是一個被稱為記性不好的人，永遠覺得生活有趣，有如晨輝般清新。

※

梅的初戀結束在一個寒冷的冬日，雖說已經過去5年了，可她仍不能忘記，夜間還是總做噩夢。5年來那種她不想再回味的場面一直折磨著她。她去問心理醫生。醫生說：「那是妳不願忘記它，讓它天天來蹂躪妳。」梅思之再三，那次失戀對自己的刺激太重了，從心理上實難讓她接受，那種被人遺棄和看不起的感覺對心靈的傷害太深了。所以就有了夜夜噩夢相隨。經醫生的指點，梅忘記了那件不愉快的事，一天到晚忙碌工作。當心靈的鎖一被轉開，睡覺時就不再做噩夢了。

也許，一個人的初戀是最難忘的。梅的初戀有個不幸的結局。在她想忘卻忘不掉，過度傷心時，她去看了心理醫生。其實，每個人都是如此，都有想忘卻無法忘掉的過去。這種記憶習慣，對任何人來講都是一種負擔。

沉湎往事，是記憶習慣的「反芻」現象。人不應該總是生活在往事裡。回味美好的往事還稱得上是一種享受，但當煩惱的事情梗塞於心，就會給自己的身心健康造成極為不利的影響，同時，也會影響到工作和學習。

你要知道，無論你的經歷是苦還是樂，凡是過去的事情注定已經過去，抱著痛苦不放和抓著榮譽不撒手的人，終不會有所建樹和發展；總是沉湎在往事之中，對自己是沒有絲毫意義的。有位科學家說，忘是為了記，忘記也是記憶的一種手段。一個人學不會忘記，那他注定一事無成。

生活的每一天都充滿挑戰，我們不應該透過懷舊而去逃避挑戰，我們應該發揮自己的最佳優勢迎接這種挑戰。我們應當為自己制定目標，了解目標的意義與範圍，選擇最佳的方式，然後付諸行動。

正視每天的目標，培養了我們完成目標的習慣，尋找目標給我們帶來的快樂。為了把握這樣的機會，我們應該學習克服消極情緒，消極的情緒與毫無目標是一樣的。目標就是欲望，你一旦感受到這種欲望，就會產生一種原動力。

讓精神去一趟旅行，忘卻煩惱，和自己的內心進行交流。一趟簡單而有效的心靈之旅，使人人都能實現理想。

※

王先生是一家大銀行的經理，他和他的妻子以及孩子住在偏遠的郊區。每天他搭乘銀行的班車上班，一上車，他就閉上眼睛養神。有時候一天就進行幾次這樣的精神旅行，在他工作繁忙、必須參與緊張的社交場合時更是如此。他發現，這種活動可以使他精神愉快、工作富有效率。

這種精神旅行曾幫助不少人改變了他們的生活。實際上它不僅能幫助我們擺脫纏繞於心的思慮，還能教你如何接受、享受情緒，而不是和情緒為敵。就如一位哲人所說的：憂傷來了又去了，唯獨我內心的寧靜長在。

學會忘卻，在某一層次上是一種境界，是值得我們推崇讚賞的；學會忘卻，你就是勇敢、快樂和幸福的人。

一個人適當懷舊是正常的，也是必要的，但因為懷舊而否認現在和將來，就會陷入病態。要記住：昨天已是過去，明天還未到來，最重要的還是今天。

※

有一個國王，常為過去的錯誤而悔恨，為將來的前途而擔憂，整日鬱鬱寡歡，於是他派大臣四處尋找一個快樂的人，並把這個快樂的人帶回王宮。

這位大臣四處尋找了好幾年，終於有一天，當他走進一個貧窮的村落時，聽到一個快樂的人在放聲歌唱。尋著歌聲，他找到了正在田間犁地的農夫。

大臣問農夫：「你快樂嗎？」

農夫回答：「我沒有一天不快樂。」

大臣喜出望外地把自己的使命和意圖告訴了農夫。農夫不禁大笑起來，又說道：「我曾因為沒有鞋子而沮喪，直到我有一天在街上遇到了一個沒腳的人。」

快樂是什麼？快樂就是珍惜你現在擁有的一切。快樂就是如此簡單。

人生最可憐的事，不是生與死的訣別，而是當面對自己所擁有的，卻不知道它是多麼的珍貴。

從前有一個流浪漢，不知進取，每天只知道手上拿著一個碗向人乞討度日。終於有一天，人們發現他已潦倒而死。他死後，只剩下了他天天向人要飯的碗，有人看到了這個碗，覺得有些特別，帶回到家裡仔細研究。他驚訝地發現，原來流浪漢用來向人乞討的碗，竟是價值連城的古董。

我們應該多注意自己手中所捧的「碗」，不要總是眼高手低，一味地羨慕別人，而忘了自己本身原有的價值。

傳統觀念和社會環境總是要求人們為將來犧牲現在。按照這種邏輯，採取這種態度生活，那就意味著沒有現在，只有未來。不僅要免去當下的享受，而且要永遠迴避幸福。因為我們所指望的那一天一旦到來，未來就會成為現在。如此明日複明日，今天為將來，幸福豈不是永遠可望而不可即嗎？

當然，如果作為學習和工作上的奮鬥目標，期望生活改善，事業有成，寄希望於未來並沒有錯。人應該生活在希望中，以此來促使自己從消沉的情緒中解脫出來，但其實質仍是為了抓住現在的時光去做腳踏實地的努力，而不是迴避現實去空想未來多麼美好。

生命只有一次，每個人在世界上逗留的時間是如此短暫，振作起來、行動起來吧！抓住今天，關閉昨天和明天的大門，珍惜、善加利用今天的時光。學會在當下的時光中快樂地生活，該做什麼就做什麼，一個人就能把可能被毀棄的一天變成有所收益的一天，「現在」永遠是行動的時候！

15

狹隘解碼

將軍額上能跑馬　宰相肚子好撐船

15．狹隘解碼

有一次，張三和朋友李四一起去旅行。經過一處山谷時，張三失足滑落，幸好李四拚命拉住他，才能將他救起。於是，張三在附近的大石頭上刻下了一行字：某年某月某日，李四救了張三一命。

兩人繼續走了幾天，來到一處河邊，李四跟張三為了一件小事吵起來，李四一氣之下打了張三一個巴掌。於是張三跑到沙灘上寫下了一行字：某年某月某日，李四打了張三一個耳光。

不久，他們旅遊回來了，有人知道這件事後好奇地問張三：為什麼要把李四救他的事刻在石頭上，而將李四打他的事寫在沙灘上呢？

張三回答道：「我永遠都感激李四救我，至於他打我的事，我會隨著沙灘上字跡的消失，忘得一乾二淨。」

我們可以從這個故事中看出張三是一個多麼心胸寬廣的人啊！如果張三因李四打他而把這件事刻在岩石上，那麼他必定是一個狹隘之人。

狹隘的產生與家庭中的不良影響有很大的關係。父母狹隘的心胸，為人處事的方法，不良的生活習慣等對子女皆有著潛移默化的影響。

一個人過於狹隘對身心是十分有害的。這樣的人，好靜不好動，飲食少而無規律，經常失眠、神經衰弱、愛發脾氣、生悶氣等。如果上述性格與生活習慣交互作用，會一同加劇，形成惡性循環，結果導致內分泌紊亂，組織器官因養分不足而過早衰老。性格開朗的人則喜愛運動，心胸開闊，樂觀向上，這些良好的生活習慣與性格特點形成良性循環，有利於內分泌系統平衡穩定，他們的組織器官新陳代謝旺盛，從而使身體充滿活力。

在認識和評價別人的時候，我們常常免不了受自身觀點的影響，我們總會不由自主的以自己的想法去推測別人的想法，覺得既然我們都這樣想，別人肯定也會這麼想。俗語中「以小人之心度君子之腹」就是講一個人狹隘的心理。

只要學會遺忘，換一個角度看社會，狹隘就會變成寬容，憂鬱就會昇華為歡悅。

※

一年前，我經過臺北市的一段馬路時，看見四處都是行人。然而當我深入大街小巷，眼前又是另外一番景象了。沿著狹長的石板路行走，被兩側的攤販圍繞，看店家販賣著遊客喜歡的商品。

就在此時，一老一少從捷運站走出，四處張望，觀察這繁忙的景象。老人看起來大約有 70 多歲，步履艱難，但那種興奮與喜悅的眼神，讓人有些感動。

只見他指著周圍的景物，感慨萬千地對著身邊的年輕人說道：「20 年了，這條老街道還是沒有變，爺爺原來就是在這裡上班的。」

原來是爺孫兩人，來這裡故地重遊。這溫馨的場面，讓我也覺得心中暖暖的。

老人凝視著街道，眼裡突然間湧現驚喜，他突然對著其中的一個攤販喊道：「林子，真的是你嗎？都 20 年了，你還在這裡擺攤嗎？」

那個叫做林子的攤販，抬起了頭，臉上也露出驚喜的神色。

老友故地重逢可是人生難得的一件幸事。但老人接下來的一句話卻讓人感到好笑，他一本正經地說道：「啊，想起來了，你 20 年前，還欠我 10 塊錢沒還呢！」

有時候，我們都十分敬佩自己的記憶力。為什麼兩個數十年沒見的老友重逢，還能夠記起這一小段陳年舊帳？難道金錢比情感更讓人容易記住嗎？

我不知道，只是覺得遺忘一些不開心的事情，將人間的真情和最開心的事情常記心間，也許就可以讓平凡的生活變得開心快樂起來。

心理學家認為，遺忘過去生活中的不幸往事，可重塑嶄新生活的信心。如果一個人老是不能忘記任何事情，將是十分痛苦的。

人活在世上，總是難將事情看穿。要把事情看輕、看薄、看淡，就要學會遺忘、善於遺忘。否則，拘泥於一得一失，則茶飯不思、坐臥難安。身心疲憊，活得沉重又艱難。

其實，生活中許多事情不需要人們牢記，諸如同事間的無端摩擦、鄰里之間的細微糾紛、戀人間的情感波折、夫妻間的小小口角，以及與工作和事業都無關的雞毛蒜皮的事情等等，大可不必放在心上。

凡事要學會遺忘，要保持冷靜的情緒，要主動到大庭廣眾之中尋找新的生活樂趣，讓自己的生活豐富多彩，並不斷有新的追求和充實的精神世界。

身處大千世界，要淡化人際關係，不要斤斤計較。切莫把自己獨鎖一隅，為過去而煩惱。把遺忘當作一劑驅除不快的「良藥」，走出內心狹小的天空，你會更快樂。

在現實生活中，人們不單要忘卻不愉快的往事，也要學會放得下那些令自己感覺到得意和沾沾自喜的往事。

一些讓自己得意和沾沾自喜的事情對於不能夠有效地控制自己的人來說，是很容易使自己陷於虛妄的。

當你一旦忘卻了它們，你的人生觀、價值觀才會減少偏差，你生命中真正的意義才會顯現出來。從心理學的角度看，無論令你無法釋懷而快樂的往事，還是悲傷與憎恨，它們都會使你與現實生活脫節，以至嚴重地威脅你的心理健康和心智的發展。

很多時候，我們記住的是對自己影響較大人事物，比如考大學、找工作、升職加薪之類。對這些事我們總可以如數家珍。至於某些事情，它們雖因為在日後裡有許多被想起的理由而得到反覆的琢磨，卻往往也失去了本來的顏色。比如感情，有些人因為愛了所以終生不會忘記，忘記的只是當時快樂和痛苦的感覺而已，所謂往事都隨了風。

記住的並非都是應該記住的，而忘記的大都有值得忘記的理由。你有沒有試過想忘記一段感情、一個人，依靠時間的流逝；有沒有試過忘記當初的浪漫和誓言，而在平淡的生活裡尋些平淡的快樂；有沒有試過忘記年輕時的癲狂，忘記單身的快樂而背負諸多的責任？

上帝賦予我們記憶或忘記，我們常常抱怨自己太容易忘卻，其實，過目不忘、博聞強記固然好，但忘卻不見得絕對不好。生活中有許多痛苦、尷尬、恩怨，就是因為我們會忘卻，這些對身心有害的成分才會漸漸地被沖淡，漸漸地使我們脫離了受過的苦痛，這樣我們才能擁有快樂和幸福。

心理學家指出，適度的寬容，對於改善自己的人際關係和身心健康，有著非同尋常的意義。它不僅可以防止事態的擴大，還可助你從麻煩中跳出來。

※

一天，一位失戀者找到了大哲學家蘇格拉底，並與他進行了這樣的一段對話：

蘇格拉底：孩子，你為什麼悲傷？

失戀者：我失戀了。

蘇格拉底：哦，這很正常。如果失戀了沒有悲傷，戀愛大概也就沒有味道。可是，年輕人，我怎麼發現你對失戀的投入甚至比戀愛還要傾心呢？

失戀者：到手的葡萄給丟了，這份遺憾，這份失落，您非個中人，怎知其中的酸楚啊！

蘇格拉底：丟了就丟了，何不繼續向前走去，鮮美的葡萄還有很多。

失戀者：踩上她一腳如何？我得不到的別人也別想得到。

蘇格拉底：可這只會使你離她更遠，而你本來是想與她更接近的。

失戀者：您說我該怎麼辦？我真的很愛她。

蘇格拉底：真的很愛？那你當然希望你所愛的人幸福？

失戀者：那是自然，我真心想給她幸福。

蘇格拉底：如果她認為離開你是一種幸福呢？

失戀者：不會的！她曾經跟我說，只有跟我在一起的時候她才感到幸福！

蘇格拉底：那是曾經，可她現在並不這麼認為。

失戀者：這就是說她一直在騙我？

蘇格拉底：不，她一直對你很忠誠。當她愛你的時候，她和你在一起，現在她不愛你，她就離去了，世界上再沒有比這更大的忠誠。如果她不再愛你，卻還裝得對你很有情誼，甚至跟你結婚、生子，那才是真正的欺騙呢。

失戀者：可我為她所投入的感情不是白白浪費了嗎？誰來補償我？

蘇格拉底：不，你的感情從來沒有浪費，因為在你付出感情的同時，她也對你付出了感情，在你給她快樂的時候，她也給了你快樂。

失戀者：可是這多不公平啊！

蘇格拉底：的確不公平，我是說你對所愛的那個人不公平。本來，愛她是你的權利，但愛不愛你則是她的權利，而你卻想在自己行使權利的時候剝奪別人行使權利的自由。這是何等的不公平！

失戀者：可是您看得明白，現在痛苦的是我而不是她，是我在為她痛苦！

蘇格拉底：為她而痛苦？她的日子可能過得很好，不如說你為自己而痛苦吧。

失戀者：依您的說法，這一切倒成了我的錯？

蘇格拉底：是的，從一開始你就犯了錯。如果你能給她帶來幸福，她是不會從你的生活中離開的，要知道，沒有人會逃避幸福。不過時間會撫平你心靈的創傷。

失戀者：但願有這一天，可我的第一步該從哪裡做起呢？

蘇格拉底：去感謝那個拋棄你的人，為她祝福。

失戀者：為什麼？

蘇格拉底：因為她給了你尋找新幸福的機會。

失戀者：哦，我懂了，謝謝您！

可見，學會寬容會給你帶來幸福。而一個不會寬容別人的人，常常使自己與他人處在敵對的狀態，如果自己內心的矛盾和情緒危機不能很快化解，將影響到你的健康指數。

你是一個擁有寬容心，或是有超高容忍度的人嗎？下面是我們提供的簡單檢驗方法：

你正在欣賞美妙的音樂，外面卻傳來了嬰兒的哭鬧聲，這種聲音多少不太適合你此時的心境，可你多半不會有什麼舉動。一個小傢伙想哭一場是從不需要任何理由的，再說了，這聲音好像也不那麼討厭，你只是笑笑，靜靜等待它的停止。如此看來，你至少是一個具有寬容心的人。但如果你對嬰兒的哭聲感到非常生氣，甚至要衝過去教訓他（或是他的媽媽）的話，那實在大可不必。

不過，在我們所假設的上述情形中，嬰兒的哭聲換成了一陣敲敲打打，而且毫無停下來的跡象，這時的你，如果還忍受這種刺耳的噪音來破壞你平靜的夜晚的話，就有點對不起自己了。

寬容不但是做人的美德，也是一種明智的處世原則，是人與人交往的「潤滑劑」。

寬容，意味著你不再心存疑慮。

法國文學大師維克多·雨果曾說過這樣的一句話：「世界上最寬闊的是海洋，比海洋寬闊的是天空，比天空更寬闊的是人的胸懷。」雨果的話雖然浪漫，卻也不無現實啟示。

※

福特是美國石油大王洛克斐勒的好朋友，一次福特和洛克斐勒合資經商，因福特投資過多而失敗，損失巨大。這使福特很過意不去，就主動找到洛克斐勒說：「太對不起了，那次損失太大了，我們損失了……」想不到洛克斐勒若無其事地回答道：「啊，你能做到那樣已難能可貴了，這全靠你處理得當，才保存了剩餘的60%，謝謝你！」

洛克斐勒在本該責備對方時，卻寬容了對方，而且還找出一堆讚美之辭，這真是出乎福特的意料。正是洛克斐勒的這種胸襟為他以後的飛黃騰達打下了堅實的基礎。

洛克斐勒寬容了福特。他知道，讚美總是給予人力量，寬容總會帶給人驚喜的結果。

在現實生活中，一個過於苛求別人或苛求自己的人，必定處於緊張的心理狀態之中。由於內心的矛盾衝突或情緒危機難於解脫，極易導致人體內分泌功能失調，造成血壓升高，心跳加快，消化液分泌減少，胃腸功能紊亂等等，並可伴有頭昏腦漲、失眠多夢、乏力倦怠、食慾不振、心煩意亂等症狀。

緊張心理的刺激會影響內分泌功能，而內分泌功能的改變又會反過來增加人的緊張心理，形成惡性循環，貽害身心健康。有的過激者甚至失去理智而釀成禍端，造成嚴重後果。而一旦寬恕別人之後，心理上便會經過巨大的轉變和淨化過程，使人際關係出現新的轉機，諸多憂慮煩悶得以避免或消除。

寬容，意味著你不會再患得患失。

寬容，首先包括對自己的寬容。只有對自己寬容的人，才有可能對別人也寬容。人的煩惱一半來源於自己，即所謂畫地為牢、作繭自縛。

芸芸眾生，各有所長，各有所短。爭強好勝失去一定限度，往往受身外之物所累，失去做人的樂趣。只有承認自己某些方面不行，才能揚長避短，才能有所為和有所不為。

寬容地對待自己，就是心平氣和地工作、生活。這種心境是充實自己的良好狀態。充實自己很重要，只有有準備的人，才能在機會到來之時不留下失之交臂的遺憾。

淡泊人生是耐住寂寞的良方。轟轟烈烈固然是進取的寫照，但成大器者，絕非熱衷於功名利祿之輩。

※

三國時，諸葛亮初出茅廬，劉備稱之為「如魚得水」，而關羽和張飛兩人卻非常不服。在曹兵突然來犯時，兄弟倆便「魚」呀「水」呀地對諸葛亮冷嘲熱諷，諸葛亮胸懷全域，毫不在意，仍然重用他們。結果新野一戰大獲全勝，使關、張兄弟佩服得五體投地。如果諸葛亮當初跟他們一般見識，爭論糾纏，勢必造成將帥不和，人心分離，哪能有新野一戰和以後更多的勝利呢？

寬容的過程也是「互補」的過程。別人有所過失，若能予以正視，並以適當的方法給予批評和幫助，便可避免大錯。自己有所過失，亦不必灰心喪氣，一蹶不振，同樣也應該吸取教訓，引以為戒，重新揚起工作和生活的風帆。

寬容，意味著你有良好的心理素養。

寬容，對人對己都可成為一種無須投入便能獲得的「精神補品」。學會寬容不僅有益於身心健康，且對贏得友誼，保持家庭和睦、婚姻美滿，乃至事業的成功都是必要的。因此，在日常生活中，無論對子女、對配偶、對老人、對學生、對領導、對同事、對顧客、對病人……都要有一顆寬容的愛心。

寬容往往折射出待人處世的經驗，待人的藝術，良好的涵養。學會寬容，需要自己吸取多方面的「營養」，需要自己時常把視線集中在完善自身的心理素養上。

當然，寬容絕不是無原則的寬大無邊，而是建立在自信、助人和有益於社會基礎上的適度寬大，必須遵循法制和道德規範。對於絕大多數可以教育好的人，宜採取寬恕和約束相結合的方法；而對那些蠻橫無理和屢勸不改的人，則不應手軟。從這一意義上說「大事講原則，小事講風格」，乃是應取的態度。

※

豁達是一種博大的胸懷、超然灑脫的態度，也是人類個性最高的境界之一。

古今中外因豁達、開朗、寬容、謙讓的品德而獲得他人的友情、愛戴，或者消除仇恨、恩怨的例子數不勝數。

唐高宗時期有個吏部尚書叫裴行儉，家裡有一匹皇帝賜的好馬和很珍貴的馬鞍。他有個部下私自將這匹馬騎出去玩，結果馬摔了一跤，摔壞了馬鞍，這個部下非常害怕，因此連夜逃走了。裴行儉叫人把他招回來，並且沒有因此而責怪他。

又有一次，裴行儉帶兵去平都支援李遮匐，結果獲得了許多有價值的珍寶，於是就宴請大家，並把這些有價值的珍寶拿出來給客人看，其中有個部下在抱著一個直徑兩尺、很漂亮的瑪瑙盤出來給大家看的時候，一不小心，摔了一跤，把盤子摔碎了，頓時害怕得不得了，伏在地上拚命叩頭以至流血。裴行儉笑著說：「你又不是故意的。」臉上並無可惜的樣子。

這些歷史上忍讓的故事，受損的一方並沒有因自己的損失和難堪而大發雷霆，懷恨在心。相反，他們都表現出寬宏大量、豁達開朗、毫不計較的美德和風度。結果不僅沒有受到更多的損失、得到更多的難堪，反而在不知不覺中平息了糾紛，博得了別人的頌揚。

一個人只有豁達、開朗、寬容才能接受別人，善於與他人相處，能承認他人存在的意義和作用，他也就能被他人所理解和接受，為集體所接納，就能與別人互相溝通和交往，人際關係才會協調，才能與集體成員融為一體。

豁達是一種寬容。

恢弘大度，胸無芥蒂，肚大能容，吐納百川。無中生有又怎麼樣？黑雲壓城又怎麼樣？心中自有一束不滅的陽光。以風清月明的態度，從從容容地對待一切，待到撥開雲霧，必定是柳暗花明。

豁達是一種開朗。

豁達的人，心大，心寬，悲愁痛苦的情緒，都在嬉笑怒罵、大喊大叫中撕個粉碎。難道，世界上全部的事都公平嗎？不公平有的是，誰能讓它變得公平？我們要以生活本來的面貌看生活，而不是按著自己的意願看生活。要懂得欣賞風和日麗，也要能品嘗光怪陸離，這才自然。不要發太多牢騷，抱怨太多不平。「月有陰晴圓缺」對誰都一樣，「十年河東，十年河西，」一切都會隨著時間的推移而變化。陰陽循環，此消彼長，潮起潮落，這就是萬物，以宇宙的大，來比較自身的小，人怎麼能超越得了？

豁達是一種自信。

人要是沒有精神支撐，剩下的就是一具皮囊。自信使人有精神，自信就是力量，自信給人智勇，自信可以使人消除煩惱，自信可以使人擺脫困境。有了自信，就充滿了光明。豁達的人，必是一名敢作也敢當的君子，那種佝僂著腰桿，委曲求全的庸碌之人，絕非我輩。

豁達是一種修養、一種理念，是一種至高的精神境界，說到底就是對待人世的態度。

蘇東坡一生顛沛流離，卻是「猝然臨之而不驚，無故加之而不怒」。沈從文也好，馬寅初也罷，許多偉人的生平跌宕起伏，對於種種不平、不幸，卻都能以其寬廣胸襟和知識學問應對，由善良、忠直、道義所孕育的不屈不撓的生命力戰勝！

16

攀比解碼

一山更比一山高　無須盲目做比較

我的朋友強被一個叫茹的女生喜歡著，但他卻喜歡另外一個女生琴。雖說都不是認真的，但是他每天都很賣力去討好琴。他會對我說琴的好處直至我的耳朵長繭。無論琴在我眼中有多少的缺點，我都不敢說出來。無論怎麼強跟茹有多麼相配，我都不敢告訴他。

後來，有一次我們幾個終於一起去旅遊，我和強在前面走，琴和茹在後面聊。

我對強說：「你這樣累不累？」

強疑惑地問：「什麼？」

我說道：「回頭便知。」

他回頭看，看見琴和茹在一起，茹深情地回視著他，但琴卻不耐煩地說茹重色輕友。

強回過頭來，苦笑道：「妳不明白的。得不到的才是最好的。」

我愣了一下：「我不明白？是啊，我不明白。」隨後我狂笑。

「知道為什麼嗎？」強說。

我笑嘻嘻地說：「因為你認為得不到的一定是她看不上你，她看不上你就是因為她認為你不配她。而認為你配她的和認為你不配她的相比，一定是認為你不配她的那個人好。」

強瞪大眼睛：「妳在說繞口令？」

我嘆氣道：「簡單地說，就是因為 A 小於 B，B 小於 C，所以 C 大於 A。」

後來強一直都沒有再對別的女生動心，因為在他的記憶中，琴已經成為了完美的化身。但是強根本不知道，他的記憶欺騙了他。於是他終日鬱鬱寡歡。

其實，不管別人過得如何，都不需要去羨慕他。自己得到的是什麼就是什麼，為何要和他人攀比呢？攀比後又能怎麼樣？因為別人的好而自卑嗎？因為自己的好而取笑他人嗎？兩者都沒有意思，不是嗎？

這世間，有些人家財萬貫、錦衣玉食；有些人倉無餘糧、櫃無盈幣；有些人權傾一時，呼風喚雨；有些人抬轎推車、謹言慎行；有些人豪宅、香車、美女相伴；有些人草屋、破衣……一樣的生命不一樣的生活，常讓我們心中生出「這山望著那山高」的感慨。

看到人家結婚，車如龍，花似海，浩浩蕩蕩，又體面，又氣派。想想當年的自己，糊裡糊塗就和自己的伴侶結了婚，心裡就委屈。

看到人家暮有進步，朝有提拔，而自己卻是滴水穿石，總在原地，躲在家裡，像一隻冬眠的熊，心裡就酸。

看到人家兒成龍、女成鳳，而自家孩子又倔強又沒出息，心裡就怨……

看看別人，比比自己，生活往往就在這比來比去中，比出了怨恨，比出了愁悶，比掉了自己本應有的一份好心情。

或許，攀比是人的一種天性，聯想的天性。一個人有思維，必定有思想。看到人家好，人家強，凡夫俗子，哪個不心動？就算是道人法師，也要念三聲「阿彌陀佛」，才能鎮住自己的欲望和邪念。生活的差別無處不在，而攀比之心又是難以克服，這往往給人生的快樂打了不少折扣。但是，假如我們能換一種思維模式，別總是抬起頭往上瞧，專挑自己的弱項、劣勢去比人家的強項、優勢，比得自己一無是處，那樣多累。把眼光放低一點，學會俯視，多往下比一比，生活想必會多一份快樂，多一份滿足。

再說，理性地分析生活，我們也會發現，其實，終其一生，生活對每一個人都是公平的、公正的，沒有偏袒。人生是一個由起點到終點，短暫而漫長的過程，在這個過程中每個人所擁有和承受的祝福壽祿、喜怒哀樂、愛恨情仇都是一樣的、相等的。這既是自然賦予生命的規律，也是生活賦予人生的規律，只不過我們享用、消受的方式不同，這不同的方式，便演繹出不同的人生。

凡事只跟自己賽跑，日子才能在一天比一天進步中快樂地度過，如果把別人的標準當成自己快樂與否的度量衡，你永遠達不到他人的高標準，因為你的標準會一個接一個地永不間斷。

當父母的好像都喜歡拿自己小孩的表現跟親朋好友家的小孩做比較。無論是才藝、功課還是工作的職位、薪水的多寡，什麼事都可以拿來比。

也許，比較倒楣的小孩就必須要面臨功課被拿來跟阿姨的小孩比、才藝跟朋友的小孩比的狀況；比來比去都是「你看看別人家的小孩……如此這般」，好像我們念書求學不是為自己，而是為了別人家的小孩。

仔細觀察周遭，不免發現，要求公平的行為在我們日常生活中其實屢見不鮮：

埋怨同事跟自己做相同的工作，賺的錢卻比較多。

看不起影視明星只要搔首弄姿就能賺進大把的鈔票，感到憤憤不平。

同事幫了忙，急著要回報，以平衡心中的公平標準。

對面車道的來車開了遠光燈，使你覺得刺眼，你也隨之開啟遠光燈來回敬他。

……

你若是憤憤不平，認為不公平事件並不會立刻消失。無需將每一個決定都視為扭轉命運的大事，只需以正確客觀的眼光來看待自己的決定。

不要盲目地和別人比較，只要訂下自己的目標，做你想要做的，走自己的路，不要管別人如何評論。就算遇到覺得不公平的事情，就將念頭改為「這真不幸」，你可以不贊同，但要學著接受事實。

如果你非要和人比較也要掌握以下幾點原則：

- 當你的願望，甚至連小小的打算都難得實現時，就要學會精神「充電」法，從不同的角度去比較。
- 當你收入趕不上別人時，不必怨天尤人，唉聲嘆氣，你應該和付出比你更多、獲得比你更少的人去比較，這樣一比你心裡就舒服了。
- 當你失戀了，也不要自己折磨自己，最好去讀讀瑪里．居里的自傳。如果沒有那次「幸運的失戀」，她的歷史將是另一種寫法，世界上就會少了一位偉大的科學家。
- 當你仕途失意時，大可不必自暴自棄，自己難為自己，自古失落者甚多，不然，蘇軾怎麼會有那麼多名篇佳句，遺留後世呢？

人生一直處於比較之中，人的心靈和身體也在不停地進行對話。從不同的角度比較，會產生不同的效果。這種比較是精神的「充電」法，也是最好的良藥。

朋友們，無論你遇上多麼煩惱的事，只要你學會從不同的角度去比較，你就會保持樂觀心態，幸福愉快地度過每一天。

※

羨慕是一把雙刃劍，它既能輝映出激勵自我的光芒，也容易滋生自卑的情緒。羨慕會消解自我的奮進精神，甚至衍生出頹廢的情緒，跳入一味攀比的陷阱。

羨慕能夠激發人的意志，給予人啟發和鼓舞。《鋼鐵是怎樣煉成的》中的保爾，因十分羨慕《牛虻》中的革命者牛虻的英勇抗戰的精神，有了為勞苦大眾而戰鬥的動力。你如果羨慕別人工作好，而你又不甘落後，你就應該努力趕上他。

當然，任何事物都會有兩面性。有的人只知道盲目地去羨慕別人，而自己又不努力去爭取，這就往往會產生嫉妒之心。由「羨慕」轉變為「攀比」，這是一種病態心理。

中國有句老話：臨淵羨魚，不如退而結網。這就告訴我們：不應該只有「羨慕」的心理，而且要把羨慕化作一種動力，這樣才能進一步地提高我們去學、去做、去趕上你羨慕的人，這才是一種健康的羨慕心理。

近年來，受社會上一些不正之風的影響，很多人學會了膚淺的羨慕，學會了無聊的攀比，學會了笨拙的仿效，終日活在他人的影子下，處處幻想成為他人，就是沒有自己，這是羨慕和攀比的悲哀。

你要記住：盲目的羨慕很容易導致自卑，人一自卑就很容易萎縮自身的進取精神，這是一種很危險的精神遊戲。

生活在這個大千世界上，每個人都有自己的個性和特色，每個人都有適合自己的生活空間。而一味地羨慕和比附，等於是拋棄自己的個性和特色，沒有「特色的」自己，何談魅力？

一味地羨慕如同望梅止渴，對付口渴的需求，只能應付一時，不能持久。重要的是你要真正找到適合你解渴的飲品。與其羨慕別人所得到的，不如珍惜自己所擁有的，哪怕是疼痛、膚淺，是追悔、無奈，是無聲無息、普通平凡。一味羨慕無法彌補你的匱乏，更無法消解你的痛楚。珍惜自己所擁有的，接納實在的你。只有一個真實的自我活法，你才會獲得一份自己曾經活過的青春證明，留下一道值得記憶和珍藏的生命印記。

因此，不要在一味羨慕他人的精神沼澤中失去自己，更不要在羨慕他人時輕視自己，使自己喪失進取的鬥志，因為羨慕是一種循環往復以致無窮的精神「高利貸」，你窮其一生也償還不起。

放棄羨慕吧，你羨慕的人也許正羨慕你，明天的你也許要羨慕今天的你。放棄羨慕，輕裝前進。按自己的信念走下去，就一定會有一個平穩的心態。

在不斷的比較中追求完美，能促使我們朝最好的方面發展，但是過於追求完美便會導致心理失衡及消極情緒的產生。

※

有一個男人，他一輩子單身，因為他在尋找一個完美的女人。當他 70 歲的時候，有人問他：「你一直在到處旅行，始終在尋找，難道你沒能找到一個完美的女人？」

老人非常悲傷地說：「找到過，有一次我碰到了一個完美的女人。」

那個發問者說：「那為什麼你們不結婚呢？」

老人傷心地說：「沒辦法，她也正在尋找一個完美的男人。」

所謂的完美主義者，並不包括那些為執著追求美好理想的人。完美主義者是指那些為自己設定不可能達到的目標，強迫自己去實現，並用外在的成就去衡量自身價值的人。但他們總是為可能導致的失敗而終日惴惴不安，神經高度緊張，怎麼可能感到快樂呢？

完美主義者經常患得患失，懼怕失敗的焦慮和壓力束縛了他們的手腳、壓抑了他們的創造性，使其工作效率降低。心理研究證明，有資格參加奧林匹克運動會的優秀運動員，不同於其他運動員的顯著特徵之一，就是他們很少為自己制定完美的標準。在比賽過程中，這些優秀運動員都能把以前比賽中的失誤所造成的心理影響降到最低程度。

完美主義把大量不易被他人發覺的恐懼深藏起來。身為一名完美主義者，你被害怕失敗的恐懼驅使著。未能達到某一目標就感到自己在做人方面徹底失敗了，因而深深地自責。無論你做得再多也不會令自己滿意，而是不斷地追求更高的目標。你可能會對自己懼怕暴露脆弱或害怕失去控制等情感嚴加控制。相反，對卓越而有健康追求的人來說，他們是以熱情為動力，為自己快樂，不懼怕失敗，不懼怕暴露自己的弱點。

從表面上看，完美主義的人很自負，內心深處卻很自卑。因為他很少看到優點，總是關注缺點，總是不知足，很少肯定自己，自己就很少有機會獲得信心，當然會自卑了。不知足就不快樂，痛苦就常常跟隨著他，周圍的人也一樣不快樂。

要克服完美主義習慣的思想方法，使自己活得更加快樂，必須從思想認知著手。列出追求完美的缺點和不完美的優點，才能改弦易轍。

完美的缺點：

- 追求完美使你的精神始終高度緊張；
- 使你苛求自己，失去生活的樂趣；
- 使你不願意冒險去做一些有價值的事情；
- 你總是覺得工作成果不如其他同事完美，因此從來不敢鬆懈；
- 工作使你不能容忍別人，大家總認為你「太多事」。

不完美的好處：

- 出錯後，你可以從中汲取教訓，爭取下一次做得更好。
- 大多數人發覺同「有缺點」的、易接受責難的人相處比與「完美」的聖人在一起要舒適得多。
- 你若害怕出錯，就可能因不敢嘗試新事物而變得麻木懶散。

權衡利弊得失以後發現，若非過分追求完美，生活會更加豐富多彩，也更有效率。

假如你是個強迫自己的完美主義者，就會總是看到自己各方面的缺點、毛病。如果你每天都可以列出自己覺得做得很出色的事情，只要兩個星期後就會發現，你已經開始把注意力放在生活的積極面上了，你將會為此而感到振奮。

要克服完美主義，可以參考以下 4 種方法：

- **列出其利弊**：列出完美主義的利弊，及其對你生活的影響，以此來說明完美主義其實對你毫無幫助。
- **確定最後的時限**：對任務進行分析，確定完成後的時間限制。不要說「我要寫封信」，而應說「我有 15 分鐘的時間來寫信，所以要寫得簡潔」。
- **不怕暴露自己的弱點**：向你的親友或家人吐露心聲。你若在某種情況下感到不適或緊張，告訴他們，把這當成是一次挑戰；勇於做平常人，並且勇於承認。
- **欣賞工作中的某個階段**：把精力多集中到工作的過程上而不是其結果。不時地停下來，欣賞過程中的某一刻，而不要老盯著最後的結局。

17

報復解碼

放下害人又害己的屠刀　以寬容的心對待他人

在張穎的眼裡田鶴已是「老黃瓜」——不中用了，但卻聽聞公司裡很多個有膽識的年輕人，都在跟老田的較量中紛紛落馬，摔得「鼻青臉腫」。所以當張穎得知自己要和老田搭檔時，馬上擺出和老田一決勝負的架勢。

張穎覺得憑著自己年輕，有才氣，反應靈敏，難道不能戰勝以經驗老到自居的老田嗎？看他一天到晚彎著腰，反應遲鈍的樣子，一定要讓他甘拜下風。

但張穎做夢也沒想到，看似寡言少語的老田，心裡卻陰得很。最讓她「吐血」的是那次老田帶著一個人找張穎，說這人是自己小孫子的老師。張穎為了讓老田顏面盡失，故意把那人刁難了一番。直到她當月薪資被扣的時候，她才知道那個人是董事長孫子的幼稚園老師。這一下，張穎當然氣得牙根癢癢，真想咬老田一口。

張穎受侮之後，總想尋找機會伺機報復。聽說明天董事長一行人要來看一個很重要的可行性方案，於是她先把送交經理的方案改成了英文，讓老田雲裡霧裡團團轉。等董事長一行人來到的時候，老田手裡的電腦卻怎麼也點擊不出畫面，本來就懼怕電腦的老田頓時額頭冒汗，在老闆面前出盡了洋相，最後還是老闆親自上陣找毛病，原來是有人把滑鼠的使用鍵調到了右邊，老田頓時火冒三丈，心裡直罵張穎太陰損。

此後，雙方你一招我一式，勾心鬥角，防不勝防。紙終究包不住火，他們兩人的明爭暗鬥有一次給公司造成了很大的經濟損失。有鑒於此，公司一紙令下，辭掉了張穎的工作，把老田也調到了無關緊要的部門。

像上述這樣的事情在日常生活中是司空見慣的。你罵我一句，我回敬你兩句；你做一件事對不起我，我背後搗你一次鬼。這就是報復。

許多心理學專家研究證實，報復心理非常有礙健康，高血壓、心臟病、胃潰瘍等疾病就是長期積怨和過度緊張造成的。試想，如果這個世界上誰都「有仇必報」的話，那麼，冤冤相報何時能了呢？社會又怎麼能夠平靜安穩？所以，腦袋中還在轉著報復念頭的人，勸你還是「放下屠刀」吧！

有一位好萊塢的女演員，失戀後怨恨和報復心使她的面孔變得僵硬而滿是皺紋，她去找一位有名的化妝師為她美容。這位化妝師深知她的心理狀態，中肯地告訴她：「妳如果不消除心中的怨和恨，我敢說全世界任一個美容師也無法美化妳的容貌。」

報復對他人畢竟是一種傷害，每個人在產生報復的念頭時務必要多考慮報復的危害性。報復行為會不會受到社會輿論的譴責？會不會觸犯紀律或法律？如果你的良心約束不了你，那只有由法律來束縛你了。

有報復心理的人一般心胸狹窄，易受情緒影響，且惡劣心境的作用強烈而漫長。所以，要加強自身修養，開闊心胸，提高自制能力，讓自己在陽光雨露下生活。

首先，報復是一種心理現象。當別人侵犯了自己的權利、名譽、利益，我們便會很氣憤，想以其人之道還治其人之身。這種報復心理大概大部分人都體驗過。當這種心情慢慢平復，一切會恢復正常。但部分人會實行報復，這便是報復行為。

※

玲玲和初戀男友分手了，她決定向他報復，一個月後，玲玲跟另一個男人閃電結婚。

那是半年前的事了。

玲玲和初戀男友談了 5 年戀愛，在一起同居了 3 年，她把青春和所有的愛都給了他。玲玲那時天真地認為男友對自己絕對是忠貞的。可是現在她發覺自己那時太蠢了。他根本就不是一個可信的傢伙。

他們剛相識時，他家非常貧窮，但玲玲看得出他很上進。因此，她不但不嫌棄他，還在他身上花了很多錢，以為那是長期投資，不會賠本，可惜人心難測……

那是一次意外的發現，男友一時大意，把網路聊天的對話保存下來，被玲玲看到了。玲玲看到男友以往的談話紀錄，發現他與好多女人有來往，而且從談話內容中可以看出，他與她們其中幾位有過性行為。當時，玲玲感覺天好像要塌下來一樣，一直以來最信任的男友竟如此地欺騙她。

那一刻，玲玲覺得男友是個魔鬼，為什麼她會跟這樣一個不知廉恥的男人在一起呢？後來玲玲和男友鬧翻了。男友承認他需要很多女人，說那是男人的生理需要，但他說他還是愛她的。

此時，玲玲的心像血被抽乾了一樣，陣陣抽搐。最可怕的是，即使男友這樣傷害她，她還是愛他。因為愛，所以玲玲更恨他。就這樣，他們糾纏了半年，最後，玲玲受不了並提出分手，因為，她對他的恨已蓋過了愛，她心裡只有報復的欲望。

一個月後，玲玲和一個認識了不到兩個月，比她大 10 歲的男人閃電結婚，那個男人需要婚姻好向父母交代，而玲玲需要復仇工具，於是他們一拍即合。

事實上，玲玲最後並沒有在這個男人的身上得到幸福，她有的只是恨。

在現實生活中，人們總認為報復的受害者是被報復者。其實不然，最大的受害者往往是報復者本人。在報復者實施報復之前，報復者就會跌進扭曲、變態的心理深淵。因此，心存報復的人內心很難得到平靜，發黴的心久而久之便會形成一種畸形的態勢。這種態勢的形成會嚴重影響到自己的心理健康。

為了使自己擁有一個健康的身心，我們應該注意下面的幾個問題：

第一，要善於調適自己的心理。

當你受到傷害時，要學會發洩心中的憤恨，不能任其鬱結在心中。例如找個朋友訴說訴說，或寫封不需寄出的信，抨擊施害於你的人。事實證明，這有利於平息心中的怒氣。

第二，及時尋求法律保護。

我國法制日益健全，法院可以完全給予受害人保護，切不可以採取報復手段，特別是違反法紀的報復手段。

第三，善於幫助受害者建立正確的思維邏輯。

伴侶壞不等於人人都壞；有人騙了你不等於人人都是騙子。你雖然痛恨別人勾引你伴侶，但切記不可一意孤行，做出害人又害己的事情。由於痛苦，人的思維邏輯容易出現混亂，你需要得到他人的耐心提點，這樣可以幫助你清醒過來。

報復是人性中一處扭曲的心理死結。它很像潛藏的癌細胞，當人能控制它時，它也許並沒什麼危害。可是一旦它超過正常的心理值比例，就會對人造成傷害。

※

有一部電影描述出這樣的故事：

美國西部拓荒時期，一位牧場的主人因為全家大小被土匪槍殺，因而變賣牧場，天涯尋仇。家被毀了，這種仇任誰都想報，可是當這位牧場主人花了十幾年的時間找到凶手時，才發現那位凶手已老病纏身，躺在床上毫無抵抗能力，要求牧場主人給他致命的一槍，牧場主人把槍舉起，又頹然放下。結果是，牧場主人沮喪地走出破爛的小木屋，在夕陽照著的大草原中沉思，他喃喃自語：「我放棄一切，虛度十幾寒暑，如今我也老了，報仇，到底有什麼意義呢……」

電影雖然是人編的，但編劇的靈感也源於現實生活。因此就算是電影，也一樣可以提供人們深刻的反省。

首先來看看一個人要「報復」所需的投入。

- **精神的投入**：每天計劃「報復」這件事，要花費很多精神，想到切齒處，情緒心神的劇烈波動，更有可能影響到身體的健康。
- **財力的投入**：有人為了報復而投入一輩子的事業，大有「玉石俱焚」的味道，就算不投入一輩子的事業，也要花費不少的財力來做準備工作。
- **時間的投入**：有些仇不是說報就能報的，3 年 5 年，8 年 10 年，甚至 20 年 40 年都有可能報不成，就算報成了，自己也年華老去。

由於「報復」此事需要很深的投入，而且還不一定能完成，因此無論是否有復仇成功，只要對「報復」這件事感到心動而且選擇行動，就會使自己元氣大傷！

仇可以不報，但是不可以忘記，因為「仇」會帶給你奮發向上的力量，刺激你成長，讓你可以用「成就」來「報復」！而一旦你的力量比「仇人」大了，你的仇人自然不是逃之夭夭就是前來請罪，因為你的「不報」成為他心頭最大的陰影——他怕你哪一天真的下手「報復」！所以，「不報」才是最好的「報復」！

其實，報復的根源，無外乎是過分在乎和過分壓抑的結果。與人之間有不同看法和意見本來很正常，如果不過分在乎，能以健康心態去對待心中不滿，就可以找到消除敵對情緒的好方法。有時一些事的確讓你忍無可忍，就事論事地宣洩一下也無大礙。人是一個容器，憋得太過分肯定會出問題。有些突發事件非要逼你大打一頓，大打也行，打完之後說不定雙方都能獲得輕鬆和愉悅。重要的是不要死記前仇，如果死記著仇恨不放，就會慢慢形成報復的死結。

很多人讓變態心理改變了自己的命運軌跡。生命是一種在定律中舞動的音符，當你偏離自己正常的旋律，就意味著已將自己鎖定在悲劇裡。如果我們站在歷史的角度去審視報復的價值，我們就會驚嘆：報復的成本實在是太昂貴！

寬容和忍讓是制止報復的良方，經常帶上這個「護身符」，就保你一生平安。因為善於寬容和忍讓的人，不會被世上不平之事所擺弄，即使受了他人的傷害，也絕不冤冤相報，寬容會讓人時時提醒自己：「邪惡到我為止。」

※

婁師德是唐朝武則天時期一位既有學問又器量寬宏的朝廷重臣。

一日，他的弟弟當上了代州刺史，臨行之時，婁師德對弟弟說：「我輔助宰相，你現在又管理一個州，受皇上寵幸太多了。這正是別人所妒忌的，你打算怎樣對待這些人的妒忌以求自免災禍呢？」

婁師德的弟弟跪在地上，對哥哥說：「從今以後，即使有人朝我吐唾沫，我也會自己擦去唾沫，絕不叫你為我擔憂。」

婁師德說：「這正是我所擔憂的。人家向你吐唾沫，是對你惱怒，如果你將唾沫擦淨，那不是違反了吐唾沫人的意願嗎？別人會因此而更加憤怒。應當不去擦唾沫，讓它自乾，笑著去接受它。」

社會交往中，人與人之間經常會發生矛盾，有的是由於認知水準不同，有的則是因為一時的誤解所造成。如果我們都能寬容一些，忍讓一些，置區區小私於不顧，一定會使矛盾緩和，消除報復心理，重新贏得心靈上的平靜。

18

貪婪解碼

趕走快樂只是開始　不歸之路已經啟程

有這樣一個故事：

有人製造了非常巨大的天秤，並貼出廣告，上面寫著：「搬上秤盤的東西都歸你。」一位貪婪的商人得知後，帶著他的僕人趕到那裡。他對僕人說：「今天我將成為世上最富有的人，盤上所有最珍貴的東西都將歸我所有。」僕人說：「老爺，要那麼多東西有什麼用？」商人不耐煩地說：「少廢話，你只許像我一樣動手不動嘴，把世上最好的東西都搬到秤盤上。」商人把珠寶、豪華別墅、超級商場搬上秤盤後仍不過癮，又把大金礦搬了上去。

這位貪婪的商人很精明，但精明人反被精明誤。他違背了宇宙的法則：守恆。他瘋狂地搬運財物，殊不知，這時天秤已經極度傾斜，這些盤內之物搖搖欲墜。商人此刻危在旦夕而不知，僕人想喊又沒敢喊，因為老爺只許他動手不許他動口。

為了保全自身性命，這位聰明的僕人情急之下，只好將天上的巨型隕石扔向那個高高翹起的砝碼盤，天秤頓時趨近平衡。

商人見狀，火冒三丈地怒喊：「難道你不知道什麼是最好的東西？你這個笨蛋！」僕人反問道：「世上最好的東西難道不是老爺您的生命嗎？」

沒有什麼比生命更可貴了，僕人說得非常好。世上最好的東西不是身外之物，而是自己的生命。可憐的商人差一點因貪婪而喪命。

人的貪婪與否，欲望的多寡直接關係到人品的汙潔和事業的成敗。「人只一念貪私，便銷剛為柔，塞智為昏，變恩為慘，染潔為汙，壞了一生人品，故古人以不貪為寶，所以度越一世。」這就是說，一個人只要心中出現一點貪婪和私心雜念，原本剛直的性格就會變得懦弱，聰明就會變得昏庸，慈悲就會變得殘酷。

人在進入社會後有各式各樣的欲望，這無可厚非。有些人的欲望是客觀的、有節制的，這樣的欲望則會是一種目標、一股動力，可以使人具有方向性。有些人的欲望則是主觀的、無限制的，甚至連他自己也說不清楚需要多少才能得到滿足。這樣的欲望則會增加自身壓力，超負荷的欲望會困住人前進的腳步，有的甚至會將其引向歧路。

「人心不足蛇吞象。」欲望太多、太重，會讓負重的人為此在一個坎上跌倒。人有七情六欲，這本屬正常，也是作為一個人在物質社會裡不能或缺的東西。可是六欲不能太重，七情亦不能太多。

只有這樣，一個人才能在社會上立足，也才能夠不被欲望所左右，否則就會成為自己利益的馬前卒，或是非法財富的掠奪者。那麼總有一天人生的金礦也會冒出無情的地火，美好的生活也會在坍塌的世界裡焚毀。

※

貪婪使人變得執著，而執著會導致煩惱出現。

煩惱會使人痛苦，煩惱本身就是痛苦。煩惱是擾亂內心寧靜的原因，它是我們生命裡本來即具有的。眾生之所以活得痛苦，就是因為他生命裡一直有煩惱。一個生命只要存有煩惱，無論他走到哪裡都不可能有真正的幸福。所以煩惱是造成痛苦的直接原因，當然煩惱的產生也與外在條件有關係。

眾生的煩惱究竟有哪些呢？佛經中稱眾生有八萬四千種煩惱，包括欲界煩惱、色界煩惱和無色界煩惱。在三界之中不同的生命層次還有不同的煩惱，這些煩惱又歸納為根本煩惱 6 種，隨煩惱 20 種。根本煩惱是其他煩惱生起的根源，也是煩惱裡最基本的；隨煩惱是隨根本煩惱生起，是根本煩惱的分位。

在根本煩惱中，貪心是我們最常見的一種心理活動，貪是對自己所喜歡的產生一種執著占有的心理。它的表現形式很多：如貪著自己的財物，以為是快樂的源泉，是生活的保障，是處世的資本，就會對財物表現出慳貪；如貪著別人的地位或別人的財物，就會表現出扭曲的心理，想盡辦法地去討好他人、奉承他人，乃至欺騙他人，然後達到謀取他人地位，或占有他人財物的目的。

貪的範圍也很廣泛，比如，貪圖色相，對美色貪戀不已，沒有得到的希望得到，得到了又擔心失去，由此產生種種痛苦。貪圖好聽的聲音：清脆的鳥啼聲、悅耳的音樂聲、動聽的恭維讚嘆聲，一個人聽慣了這些聲音，聽不到時，他就渴望聽到，如果聽到逆耳的聲音，他會感到不安，覺得難過。貪圖好環境：人類的不斷奮鬥，除了衣食，還有就是為自己創造一個美好的環境，窮人可以在簡陋不堪的地方居住，富人卻要住別墅，住五星級旅館。當然，這是人的福報不同所致，但是福報是有限、無常的，當福報盡了，不能再有舒適的環境而又享受慣了，豈不痛苦。

在日常生活中還有許許多多的貪。比如：貪圖事業、貪圖財富、貪圖睡眠、貪圖美好的山水、貪圖建立的人際關係、貪圖一切的一切，有了貪圖，就有許許多多的掛礙，內心不得安寧，不得自在。又因為貪圖是無窮盡的，進而就希望占有，於是拚命追求，得到了也僅僅是暫時的滿足；如果不能得到，就有求之不得的苦。

由此可見，貪婪是一切煩惱之源，是造成我們心理壓力過大的罪魁禍首。

人生與財富關係的關鍵，不在於你實際上擁有多少錢，而在你對錢的感覺。

從一定角度上說，金錢確實能夠給人們帶來感官上的幸福，但在現實生活中，充斥著對財富永無止境的追求。就算有再多的財富，這些人的情緒頂多得到暫時的滿足，在大部分時間裡，他們依然很空虛。

有一對經營豪華大飯店的企業家夫婦，因逃稅及欺詐被判刑。這個醜聞底下，是兩個貪得無厭的百萬富翁。他們的員工、祕書和親戚們在各種訪問中都指出，兩個人皆無情、財迷心竅，而且心理變態。女老闆甚至搶走她小兒子死後遺留下的房產，只留給兒媳婦一張驅逐令以及 4 個孫子每人微不足道的一點錢！最終，貪婪使他們栽了大筋斗。

這對夫婦為什麼行為如此冷酷吝嗇？關鍵就在他們奉行「錢永不嫌多」的古老哲學，他們雖然擁有幾輩子都花不完的財富，卻仍覺得不滿足，帶給身邊人許多不幸。

有些永不知足者的賺錢動力，起因於心理不平衡。通常他們小時候沒有得到足夠的愛，又深受貧窮之苦，因此認為物質等於愛。他們專心一意追求金錢和往上爬，以填補「情緒的缺口」，可再多的汽車、衣服或金錢，也填補不了心靈的無底洞。

另一個造成這種心理不平衡動力的原因是價值觀扭曲。有些人從小被諄諄教誨：有錢是老大，沒錢靠邊站。唯有錢是力量。

對心理不平衡和停留在童稚期貪得無厭的人，錢能買到的東西，僅能短暫緩解他們精神上的痛楚。他們的飢渴永無盡頭，縱使不斷餵食，胃口也只有愈來愈大。

國外有調查報告指出，20 年前，80%的大學生認為「建立有意義的人生哲學」是重要或必要的目標，今天這個比例已急劇下降至 41%。主持調查的學者認為，現在的年輕人一心只想賺錢，已經把人生哲學棄之如敝屣，賺錢就是他們的人生哲學。

如果錢的影響力進一步在我們孩子的心目中擴大，那麼，不久的將來，永不知足的人生觀將嚴重地影響到他們身心的健康發展。

生命如舟，載不動太多的物欲與虛榮，想要在抵達彼岸前不中途擱淺、沉沒，就必須輕裝上陣，只帶需要的東西，把那些應該放下的果斷地放下。

※

有段時間，我常感到身體疲乏，吃飯沒有食慾，晚上總是失眠，白天工作沒有精神，體重明顯下降。我到醫院做了檢查，也看了好多醫生，但狀況不見好轉。

一個朋友知道了我的情況，他建議我去看心理醫生，我雖心存疑慮，但為了身體早日康復還是找了一家心理診所。

那位心理醫生 30 歲左右，斯斯文文，講話友好且真誠，他並沒有先問我的病情，只是像朋友一樣閒聊起來。經過我們的聊天，他說我什麼病也沒有，只是有些憂鬱，情緒不好以至影響了身體健康，只要把裝在心裡那些不愉快的事吐出來就會好的。

回家後，我按照醫生的話，把所有不愉快的事情全寫在紙上。他囑咐我想到什麼不快事，就儘管寫下來，別強迫自己去想，不是什麼大問題。

我努力地寫。不到一小時，整張紙已填得密密麻麻了。我檢視我的不快紀錄，赫然發現自己積了滿肚子的憂鬱，有些問題還以為早處理了，其實不然。縱使陳年舊事，也沒有隨歲月而淡去，還深深地埋在心裡，當午夜夢回時，就翻出來折騰一番。

後來，那個心理醫生送給我一句話，他說，人生如旅程，不要帶太多行李，要不然，整個旅途就為了要照顧行李而無心觀賞風景。

生命旅程的行李，往往是我們對種種事物的「執著」，它又往往是我們刻意保留的殘存記憶。表面上，我們好像把事情處理了，背地裡卻是接受不了，不想面對，於是把它硬塞在心裡。

於是我們的行李愈來愈多，愈來愈重，令我們舉步維艱。因此，為了使我們的旅途愉快，除了不要帶太多行李上路外，還要學習棄掉行李。因為旅途中行李將不斷累積，我們要取長棄短，不然，一箱子的行李，總會把自己壓得透不過氣來。

有一個調皮的小男孩，有一天他在玩一個貴重的花瓶。瓶頸很窄，瓶口很寬，他把手伸進去，結果竟拔不出來。父親費盡了力氣也幫不上忙，遂決定打破瓶子。但在此之前，他決心再試一次：「兒子，現在你張開手掌，伸直手指，像我這樣，看能不能拉出來。」小男孩卻說了一句令人驚訝的話：「不行啊，爸爸，我不能鬆手，那樣我會失去好幾枚錢幣。」

對於一個人來說，行李愈少，負擔愈輕，愈能仔細體會旅程中的快樂與辛酸，而且唯有棄掉行李箱裡的陳年舊帳，才能再裝載新的東西。如果你像那個小男孩那樣，不肯放下「幾枚錢幣」，那麼你就無法輕鬆去旅行了。

在人生旅途中你得到的多少，取決於你放棄了多少。

19

虛榮解碼

生命最為重要　其他微不足道

一對新婚夫妻結婚僅 20 天就要分別，丈夫獲全額獎學金赴美留學，攻讀電子工程學的碩士和博士學位。

當年秋天，妻子拿著丈夫的資料去使館申請探親簽證，結果被拒簽。第一次拒簽，妻子倒很安慰，那就等年底吧。於是等到年底耶誕節前夕再次去申請，沒想到還是被拒簽。夫妻兩人半年後相約美國、二度蜜月的幻想再次被摧毀後，他們才開始感到有些緊張不安。第二年，妻子三進美國簽證處，又被拒簽了。

又過了一年，沒想到，丈夫在美國的課業出了問題。不知何故，在美留學的丈夫和他的導師關係惡化，校方中斷了丈夫的獎學金，並終止了丈夫的學習課程，丈夫被迫離開這所學校轉學了。

令人意想不到的是，這位被轉學的丈夫又做出了一個更壞的決定：他被迫自費去了一個毫無名氣的學校去繼續讀電子工程碩士。這時候，離他出國已經快兩年，無數留學生已經獲得了碩士學位進入了博士階段；或者，大量相同領域的同事，早就進入了矽谷工作，當時正是新經濟風起雲湧，電腦人才瘋狂漲價的時刻。研究電子工程在職業市場裡非常吃香。這位留美人才，如果當機立斷申請一份工作，拿下工作簽證，他的妻子可能早就成為矽谷的貴夫人了。

花開花落，又是一年過去了。這對夫妻的悲劇仍在上演。丈夫仍留在美國苦讀，雖然做妻子的也要求丈夫回來，但是商量到最後，丈夫的母親執意保全面子，為了那份苦澀的虛榮，就是不肯讓兒子回來。妻子的簽證一次次被拒；就在這一次次拒簽，一次次苦苦等待中，夫妻之間的感情越來越冷漠，越來越疏遠，天各一方的苦等使雙方的精神幾近崩潰。

情勢的發展已使丈夫回國成為拯救這個家庭的唯一出路。然而，這位丈夫仍然千呼萬喚始不回。雖然在這三年中，妻子已經奮鬥到月薪 5 萬元以上，但她的表情已然麻木，面孔已然枯萎。顯然，三年多的等待中，對於她是苦難，是酷刑。忍受不了這份折磨的妻子，終於選擇了離婚。

造成這對夫妻感情苦難的根源，是這個家庭自身，是他們相信留學追求超越家庭幸福的荒謬價值取向。這樣的家庭，是庸俗的；這種人生價值取向，是扭曲的。

有時候，人的行為受到限制，不是出於外部環境，而是出於自己的內心，人們稱之為靈魂的枷鎖。一個人在社會上生存尋找幸福出路，不但要看他的上下求索方式，還要看他的思考方法正確與否。一個人想尋找幸福，可以在美國尋找，也可以在阿富汗尋找。只要你的目標明確而現實，就都能實現。

思想是人的翅膀，帶著人飛向想去的地方，如果思想和翅膀被捆住，不能展開，那麼不要說飛翔，就連路都走不穩。就像鳥兒一樣，飛起來很自如，但在地面上行走卻很笨拙。所以說人們的追求，不要超越自己的能力，要有一個正確的價值取向。

結婚是為了幸福，留學也是為了幸福，但是當這兩者發生水火不相容的衝突時，你將如何選擇？選擇就像下圍棋，大棄大捨，都是為了贏得幸福。別為了所謂的理想 —— 虛榮，而「打腫臉充胖子」。

心理學家認為，虛榮心是自尊心的過分表現，是為了取得榮譽和引起普遍注意而表現出來的一種不正常的社會情感。

物質生活中的虛榮心，主要表現為一種攀比行為，其信條是「你有我也有，你沒有我也要有」，以求得周圍人的讚賞和羨慕。社會生活中的虛榮心行為，主要表現為一種自誇炫耀的行為，透過吹牛、隱匿等欺騙手段來過分表現自己。

有一個人做生意失敗了，但是他仍然極力維持原有的排場，唯恐別人看出他的失意。為了能重新起來，他經常請人吃飯，拉攏關係。宴會時，他租用私家車去接賓客，並請了兩個打工人員扮作女傭，佳餚一道道地端上，他以嚴厲的眼光制止自己久已不知肉味的孩子搶菜。雖然前一瓶酒尚未喝完，他仍砰一聲打開櫃中最後一瓶 XO。當那些心裡有數的客人酒足飯飽告辭離去時，每一個人都熱烈地致謝，並露出同情的眼光，卻沒有一個人主動提出幫助。

希望博得他人的認可是人的一種無可厚非的正常心理，然而，人們在獲得了一定的認可後總是希望獲得更多的認可。所以，人的一生就常常會掉進為尋求他人的認可而活的愛慕虛榮的牢籠裡面。

如果你渴望他人的讚許或同意，那麼，一旦獲得了他人的認可，你就會感到幸福、快樂。但是，如果你陷入這種無法擺脫的虛榮之中，那麼，一旦沒有得到它，你就會感到身價暴跌。這時候，自暴自棄的因子就會潛進來。

同樣，一旦徵求他人的同意成了你的一種「必需」，那麼，你就把你自己的一大部分交給了「外人」。在愛慕虛榮心理的驅使下，為得到他人的認可，「外人」的任何主張你都必須聽從，甚至在很小的事情上。如果「外人們」不同意你，你就不敢輕舉妄動。在這種情況下，虛榮心使得你選擇的是讓他人去申訴你的尊嚴或留給你面子。只有當他們給予你表揚時，你才會感覺良好。

這種徵得他人同意的虛榮心極其有害，但是，真正的麻煩隨著事事必須請示他人而來。如果你果真攜有這樣一種虛榮心，那麼，你的人生就注定會有許多痛苦和挫折。

虛榮是一種特性，是取攻勢不是取守勢的，所以虛榮的人，不但會拿利刃刺進自己的低劣感情，而且還會把利刃掉轉頭去，去刺別人。

在現代社會，人們因虛榮的競爭而送掉性命的慘例是舉不勝舉的，而虛榮的人能夠永遠維持他的虛榮的例子卻屈指可數！凡虛榮的人，他總有一天，會和他的鄰人、同事、老婆、兒女，甚至不知虛榮為何事的自然界發起衝突，最後一敗塗地。虛榮雖然可以自欺欺人，但它斷乎欺騙不了自然，虛榮是反對自然的一種侮辱，但自然是不容任何侮辱的。

人類的虛榮之心，已經是根深蒂固，難以剷除。自古以來，許多哲學家、宗教家都曾提出警告，還加以道德的攻擊，然而都無用，它不但不曾因此而減弱，而且越來越猖獗了。要想從根本上解決人類的虛榮問題，根本不在如何破壞它，而是在於如何改善它，誘導它走向有用的方面去。

那麼如何克服虛榮心呢？

首先，必須要樹立正確的榮辱觀。人生在世要有一定的榮譽與地位，這是心理的需要，每個人都應十分珍惜和愛護自己及他人的榮譽與地位，但是這種追求必須與個人的社會角色及才能一致。面子「不可沒有，也不能強求」，如果「打腫臉充胖子」，過分追求榮譽，顯示自己，就會使自己的人格受到歪曲。同時也應正確看待失敗與挫折，「失敗乃成功之母」，必須從失敗中總結經驗，從挫折中悟出真諦，才能從根本上消除虛榮心。

其次，社會比較是人們常有的社會心理，但在社會生活中要掌握好攀比的尺度、方向、範圍與程度。從方向上講，要多立足於社會價值而不是個人價值的比較，如比一比個人在學校和班上的地位、作用與貢獻，而不是只看到個人薪資收入、待遇的高低。從範圍上講，要立足於健康的而不是病態的比較，如比實績，比幹勁，比投入，而不是貪圖虛名，嫉妒他人表現自己。從程度上講，要從個人的實力上掌握好比較的分寸，能力一般的就不能與能力強的相比。

再次，從名人傳記、名人名言中，從現實生活中，以那些腳踏實地、不徒虛名、努力進取的革命領袖、英雄人物、社會名流、學術專家為榜樣，努力完善人格，做一個「實事求是、不自以為是」的人。

最後，如果你已經出現了自誇、說謊、嫉妒等行為，可以採用心理訓練的方法進行自我糾正，對不良的虛榮行為進行自我心理糾正，即當病態行為即將或已出現時，個體給自己施以一定的自我懲罰，如用套在手腕上的皮筋反彈自己，以求警示與干預作用。久而久之，虛榮行為就會逐漸消退，但這種方法需要本人超人的毅力與堅定的信念才能有成效。

虛榮心是一種為了滿足自己榮譽的欲望，每個人都會或多或少地產生這種欲望。然而，如果你表現出來的虛榮超過了範圍，那就會成為一種不正常的社會情感。

古人說得好：「雁過留聲，人過留名。」榮譽是社會、至少是周圍的人們給予的獎賞和認定，是人得到的一份愉悅、享受和幸福。而且榮譽帶來名聲，名聲帶來友好、崇敬和種種待遇，還有機遇。可能很少有人錯過獲得榮譽的機會。

不過榮譽過分沉重，我們很難承擔得起，「榮譽是死者的太陽」，巴爾札克的這句話也有它的道理，是對生者的警告。

※

美國耶魯大學 300 週年校慶時，全球第二大軟體公司「甲骨文」（Oracle）的行政總裁艾利森（Lawrence Ellison）應邀參加典禮。艾利森當著耶魯大學校長、教師、校友、畢業生的面，說出一番驚世駭俗的言論。

他說：「所有哈佛大學、耶魯大學等名校的師生都自以為是成功者，其實你們全都是 loser（失敗者），因為你們以在有過比爾蓋茲等優秀學生的大學念書為榮，但比爾蓋茲卻並不以在哈佛讀過書為榮。」

這番話令全場聽眾目瞪口呆。至今為止，像哈佛、耶魯這樣的名校從來都是令幾乎所有人敬畏和神往的，艾利森也太瘋狂了吧，居然敢把那些驕傲的名校師生稱為 loser。

艾利森接著說：「眾多最優秀的人才非但不以哈佛、耶魯為榮，而且常常堅決地捨棄那種榮耀。世界第一富比爾蓋茲，中途從哈佛退學；世界第二富保羅·艾倫，根本就沒上過大學；世界第四富，就是我艾利森，被耶魯大學開除；世界第八富戴爾，唯讀過一年大學；微軟總裁斯蒂夫·鮑爾默在財富榜上大概排在十名開外，他與比爾蓋茲是同學，為什麼成就差一些呢？因為他是讀了一年研究生後才戀戀不捨地退學的……」

艾利森接著「安慰」那些自尊心受到一些傷害的耶魯畢業生，他說：「不過在座的各位也不要太難過，你們還是很有希望的，你們的希望就是，經過這麼多年的努力學習，終於贏得了為我們這些人（退學者、未讀大學者、被開除者）工作的機會。」

艾利森的話當然偏激，但並非全無道理。幾乎所有的人，包括我們自己，經常會有一種強烈的「身份榮耀感」。我們以出生於一個良好家庭為榮，以進入一所名牌大學讀書為榮，以有機會在國際大公司工作為榮，不能說這種榮耀感是不正當的，但如果過分迷戀這種僅僅是因為身份帶給你的榮耀，那麼人生的境界就不可能太高，事業的格局就不可能太大。

那究竟是為什麼呢？

- **榮譽是外在的，屬於標，是形式，而不是本，不是內容，並不見得等於我們的實際**：泰戈爾說：「榮譽是生命之流的泡沫。」尤其是當榮譽已被「風」揚開來，有更多的聲譽接踵而至的時候，就更要超出它的實際價值。還應該看到，任何榮譽的獲取都只能是一個、幾個方面的成功，但榮譽卻光芒四射，讓你全身放射光彩，這很容易使人心神繚亂，不得安寧。

- **榮譽雖能使人愉悅，卻不能使人充實**：因為使人充實的只能是人自己，榮譽只編織好的桂冠。所以奧地利哲學家維根斯坦說：「貪圖功名是思想的死亡。」
- **我們可以擁有榮譽的所有權，卻沒有對它的占有權，實際上榮譽可以授予，也可以拿走**：一個人可以不斷地獲得榮譽，獲得終身性榮譽，甚至獲得死後的殊榮，但就是這樣的榮譽也很少永遠被承認。今天的榮譽過了明天就什麼也不是。用佛教中的話說：「榮譽是無常的。」

古今中外都有這樣一個社會問題：只要陷於榮譽的追逐之中，必然受其累，更別說能給人帶來什麼福了。

培根說：「榮譽像河流，輕浮和空虛浮在河面上，沉重和厚實的榮譽沉在河底。」在你獲得榮譽的時候，把自己沉下去，不要總是浮在上面。還是老子那句話說得好：「後其身而身先，外其身而身存。」這是千古箴言呀！

20

猜疑解碼

摘掉腐蝕心靈的毒瘤　綻放真誠待人的笑臉

才華橫溢的安吉爾，無論在工作態度上還是能力上，都是出類拔萃的，非常出色。可是，畢業 4 年來，安吉爾卻頻頻跳槽，次數達 7 次之多。

現在，就職某大公司的安吉爾，憑藉自己的聰明才幹，僅用了 3 個月的時間，就從銷售員做到了行銷長，然而時間不長，安吉爾就再一次揚言說想辭職。

有朋友不解地問為什麼，安吉爾義憤填膺地說道：「當我職位升遷到老闆直接管轄範圍時，我就隱約覺得與老闆之間的關係有些微妙。老闆對我越來越不信任，甚至有些猜忌，還時常給我穿『小鞋』，同事們也紛紛排斥我，我現在是『四面楚歌』。最近更可氣了，老闆特意為我招聘了一位助理，美其名日是協助我管理市場，其實我心裡很清楚，是派來監督我工作的。這是對我極大的不信任！是對我的侮辱！我實在忍無可忍了，我要辭職！」

是什麼造成了安吉爾職業生涯發展的瓶頸？是什麼使他在職場頻頻受挫，不斷跳槽，職業生涯墜入「負面輪回」？不是別的，正是安吉爾那顆敏感多疑的心，是它構成了安吉爾職業發展的障礙。

在激烈的職場競爭中，許多人都遭遇過與安吉爾相類似的問題，有過相近的感覺：當你工作做得好了，或者升到較高職位時，你的內心便感覺背後有一雙「眼睛」在盯著自己。仿佛在對你說：我不信任你。而這雙「眼睛」可能是你的上司，也可能是你身邊的同事。

於是，關係莫名其妙地變緊張了，衝突也時不時出現了。而衝突的結局，是讓你感受到莫大的傷害和壓抑，認為整個環境是不信任、不安全的，產生深深的恐懼感和憤怒感，繼而升起強烈的排斥感 —— 逃避！

無論是誰，一旦被猜疑心理控制，便常常會自我孤立，敏感度驟升，情緒緊張，整日提心吊膽，小心翼翼，謹言慎行，害怕走近別人，也拒絕別人走近自己，更怕被別人拒絕。以至於有時一件小事，一個偶然的手勢，一句無心的話，都足以讓你猜測不已、惴惴不安。比如，兩個同事背著你竊竊私語，你一走近，他們便立刻終止了談話，沉默不語或是各自走開。這時，你就會在心裡犯嘀咕：他們會不會在說我的壞話？如果某人不贊同你的觀點，你就會懷疑這個人對你懷有成見……

猜疑，是一個人精神上的癱瘓。它好像是人身上的一顆毒瘤，稍不注意，它就會流出毒液。一旦腐蝕你的思想，你就會喪失理智，以主觀、片面、刻板的思維邏輯來主導自己的推理，毫無根據地進行判斷。

猜疑的人不信任他人，總對他們做出過低或不切實際的評估。究其「不信任根源」，就在於其內心深處缺乏足夠的自信。

如果你在生活和工作中，總以不信任的態度與他人交往，長此以往，別人就會逐漸疏遠你，因為沒有人能長期忍受你的這種「敏感」，被你長時間地懷疑著。

所以說，猜疑只會徒增你的煩惱和痛苦，使你眾叛親離，最後落得個自憐自艾的悲慘下場。

猜疑是建立在猜測基礎之上的，這種猜測往往缺乏事實根據，只是根據自己的主觀臆斷毫無邏輯地去推測、懷疑別人的言行。

※

古時候有個人丟了一把斧頭，這個人開始總懷疑是鄰居的小兒子偷的。因此，他特別注意觀察鄰居小兒子的一舉一動，從走路的姿勢，到言談話語、面部表情和神色，怎麼看都像是偷了斧頭的樣子。可是後來，他在山裡找到了丟失的斧頭，再見到鄰居的小兒子時，覺得他的一舉一動全不像偷斧頭的人了。

「丟斧頭」的心理就是一種典型的多疑心理。這個寓言諷刺了那種疑心重重，戴著有色眼鏡看人，甚至毫無根據地猜疑他人的人。

這個人從一開始就自己給自己先下了一個結論，然後自己走進了猜疑的死胡同。由此看來，猜疑一般總是從某一假想目標開始，最後又回到假想目標，就像一個圓圈一樣，越畫越粗，越畫越圓。最典型的恐怕就是上面這個例子了。現實生活中猜疑心理的產生和發展，幾乎都同這種作繭自縛的封閉思想主宰了正常思維密切相關。

猜疑的人往往對別人的一言一行很敏感，喜歡分析深藏的動機和目的，看到別的同學悄悄議論就疑心在說自己的壞話，見別人學習過於用功就疑心他有不良企圖。好猜疑的人最終會陷入作繭自縛、自尋煩惱的困境中，結果還導致自己的人際關係緊張，失去他人的信任，挫傷他人和自己的感情，對心理健康是極大的危害。

英國思想家培根說：「猜疑之心如蝙蝠，它總是在黃昏中起飛。這種心情是沉迷陷入的，又是亂人心智的。它能使你陷入迷惘，混淆敵友，從而破壞人的事業。」

消除猜疑之心是我們心理健康的任務之一。下面我們提供一些消除猜疑心的建議：

第一，當疑心在你心中初露端倪時，先讓自己冷靜下來，仔細分析，考慮一下自己的「多疑」有無確鑿的根據。多從自身想想，「是不是我太多心了」、「也許別人並不是針對我，而只是就事論事」……

第二，嘗試著用「信任」代替「多疑」，用「理智」遏制多疑心理的升級，一天兩天，也許看不出太大的變化，可時間長了，你會發現，曾經的「多疑」，實際上完全是你自己無中生有的想像，只不過是杞人憂天而已。

第三，樹立坦蕩無私的心態。人們常說「做賊心虛」，就是說自己內心不坦蕩就會心懷鬼胎而猜疑他人；只有「心底無私」，才能「天地寬」，這樣對他人及周圍的事情才會看得比較自然。

第四，要拋棄成見和自我暗示，為此要學會客觀而辯證地看待他人和自己，運用事實來消除成見和驅除自我暗示。

第五，要同別人交心通氣，開誠布公，同時要寬以待人，信任他人，這樣才會消除隔閡、疑惑，增進友情和信任感。

第六，產生了猜疑心，你可以有所警惕，但不要表露於外。這樣，當猜疑有道理時，你因為做好了準備而免受其害；而當這種猜疑毫無道理時，就可以避免誤會好人。

希望朋友們能撥開心頭的疑雲，摘下有色眼鏡，將愛和信任撒向人間。

猜疑是人性的一大弱點，夫妻之間猜疑所帶來的後果不僅僅是欲罷不能的痛苦與尷尬，更為嚴重的是對夫妻感情的傷害，是對家庭和諧的破壞。

※

小杜和妻子小李本來約好，今天一家三口要一起去聽音樂會，可是小杜的公司臨時來電話找他有事。他只好託朋友小張領妻子和兒子一起去。可是等小杜深夜回到宿舍時，妻子和兒子卻還沒回來，他頓時起了疑心。

終於，妻子和兒子回來了，臉上帶著幾分掩飾不住的疲憊，她把兒子扔給他，就寬衣解帶進了浴室。小杜臉色很難看，他發現妻子剛進門時裙子有點亂。此時的兒子更是疲倦，一進門就吵著要睡覺。

此時，小杜一邊替兒子蓋被一邊試探著問兒子：「兒子，你和媽媽、小張叔叔去了哪裡？」

「去了電影院、餐廳，還有就是回家。啊！我睏死了！」兒子顯然是睏極了，轉身趴在床上。

「兒子，告訴爸爸，你看到什麼了嗎？比如說，在電影院，在餐廳裡……」小杜把兒子轉過來，繼續讓兒子告訴他。

「我……我看到有人親嘴，還有……媽媽的裙子被叔叔弄髒了。」兒子說完，就再也不理會爸爸了。

小杜此時的心都快炸了，他走進了臥室，而妻子已經躺在床上了，正瞇著眼要睡。小杜恨恨地對妻子說：「今天很好玩啊！妳怎麼不到他家去啊！那裡環境多好啊？」

「你在說什麼？」妻子坐起身，滿臉的不解。

「妳還有臉問我？妳喜歡他是吧，我成全妳，馬上就去，妳馬上去，快滾啊！」小杜越罵越起勁，他那些極盡惡毒的話讓妻子聽得大哭。她含著淚，穿著睡衣指著小杜的鼻子說了一句：「你……你混蛋！」然後，就衝出了家門。

這時兒子醒來了，哭著說：「媽媽，媽媽，我要媽媽！」小杜蹲在地上，看著兒子，心裡傷心極了，他抱起兒子：「兒子，媽媽不要我們了，她跟別人好了。」

「不會的，媽媽說過永遠愛我們的！」兒子的頭搖得像波浪鼓。

「可是，媽媽現在喜歡的是小張叔叔，你不是看到他們親嘴了嗎？」小杜不知怎麼跟兒子解釋才好。

「不是，不是，我是說坐在我們前面的叔叔阿姨親嘴了。」兒子急著跟爸爸說。

「那，你媽媽沒和小張叔叔做什麼？那是誰弄髒了媽媽的裙子？」小杜急著問。

「我也不認識，反正是一個不認識的叔叔。小張叔叔請我們吃飯後，在剛出門時，那個人不小心踩了媽媽的裙子，小張叔叔還狠狠地訓了那個叔叔一頓呢！」兒子解釋著。

小杜立刻跳了起來，跑到電話機旁。他把打電話到妻子可能去的每個地方，可是一直到了後半夜還是沒有妻子的消息。他蹲在地上，不斷地打自己的頭，恨自己太魯莽、太多心了。

這時，電話鈴響了，小杜立刻拿起電話，是小張的聲音。「你回來了，什麼事應酬到現在？你老婆說一個人不敢在家睡，都到我這裡半天了……」小杜急忙來到小張家，他才發現自己出了一身冷汗。今晚的事真夠險的，他差一點親手把自己的紅帽子變成綠帽子。看來夫妻間「信任」是最重要的。

古語云：「疑人不用，用人不疑」，同樣適用於夫妻之間：「疑人不嫁，嫁人不疑」。你既然選擇了他（她）作為你終生的伴侶，你就必須對其百分之百地相信。除非你親眼目睹了事情的真相。你萬不可隨意捕風捉影，妄加揣測愛人的清白。要秉持公說公有理，婆說婆有理。這並不是指夫妻雙方要各執一詞，爭執不休，而是指要完全相信老公、老婆的話，認定他（她）的話是不可顛覆的真理，不要質疑他（她）的任何說詞。

「海闊憑魚躍，天高任鳥飛」是一種生活境界，也是一種生存狀態，如果你想讓你的愛人擁有如此的心境與氣魄，你就要學會一種全方位的信任，你的信任是任他（她）自由翱翔的最大動力。愛他（她）的你肯定懂得自由的重要性吧！

21

偏執解碼

貴有自知之明　才能避免不測發生

21．偏執解碼

一位非常漂亮的少女向一位心理學教授諮詢，問她是否應和目前正在交往的男友結婚。教授請她說說男友的事。她說：「他是零缺點的人。他有我曾經希望擁有的一切，我愛他的一切。」

顯然，她的陳述說明她太偏激，不可能是真相。教授知道沒有人能具有她描述的形象，而她現在的不真實期待會導致以後的憤恨。於是，教授告訴她在現階段她不宜結婚。

為了能夠幫助她找到原因，教授要她列出他的性格中好的特質，她很快列出 50 多個特質。接下來教授請她在旁邊列出不好的或負面的特質，她變得很生氣而且很反感。「如果他的缺點和優點一樣多，我才不會愛上他！」她氣沖沖地說。教授解釋說他認為她的陳述不夠真實，如果她現在不看清真相，一旦他們結婚，她將會在真實生活中覺醒。

在教授的建議下，她同意試著去均衡正面和負面的想法，這花了些時間，不過她繼續迫使自己探究，一直到負面的也和正面一樣多。當她重新看自己寫下的東西時，她的眼中充滿淚水。「我不希望看到任何我可能不喜歡他的事情。」她說，「我以為忽視這些事會比較好，不過現在我都寫出來了，我對真正的他比較有概念了。」

接下來教授請她審視「好的特質」那一份清單，一項一項地探視自我，發現她自己有與他相同的特質。當她完成時，她發現自己不如原先想像的那麼「需要」那位男友。她開始了解，她曾以為他擁有她缺乏的特質，實則她都有。

她克服了迷惑，克服了障礙，她流下淚水。「現在我知道我並不需要他」，她說，「而且我知道他還有我不喜歡的一面，然而最不可思議的事情是，我知道我真的愛他。」

朋友，你是如何看待身邊事物的，是不是覺得什麼都好或者是什麼都不好。不論是哪一種結果，都說明了你看待事物的看法有些偏激。一旦你過於偏激地看待事物，那麼你就會走入一個認知誤區，不論是對自己還是對他人，必然會產生出不利的影響。

偏激是指人的意見、主張等過火，多存在於青少年中。性格和情緒上的偏激，是做人處世的一個不可小覷的缺陷。性格和情緒上的偏激是一種心理疾病。它的產生源於知識上極端貧乏，見識上的孤陋寡聞，社交上的自我封閉意識，思維上的主觀唯心主義等等。偏激的人以絕對的、片面的眼光看問題。總是以偏概全，固執己見，鑽牛角尖，對人家的好意規勸一概不聽不理。

偏激在情緒上的表現是按照個人的好惡和一時心血來潮去論人論事，缺乏理性的態度和客觀的標準，易受他人的暗示和引誘。如果對某人產生了好感，就認為他一切都好，明明知道是錯誤的，也不願意承認。

偏激在行動上的表現是莽撞從事，不顧後果。有些人往往認為友誼就是講義氣。當他們的朋友受別人「欺侮」時，他們二話不說，馬上就站出來行動來幫朋友打架，還標榜這種行為是英雄行為。

這些做法，都在時刻影響著我們自己。因此，我們需要對「偏激」有個全新的認識。

偏激會使一個人在看待問題的時候變得狹隘，不能夠客觀公正地評價周圍的人和事，這樣就難免不會發生錯誤。所以在做事情的時候，必須要從內心的偏激中走出，千萬不要感情用事，多聽一聽他人的意見，就能夠看清事實的真相。

現實生活中，凡不能正確地對待別人的人，就一定無法正確地對待自己。見到別人做出成績，出了名，就認為那有什麼了不起，甚至想盡千方百計詆毀貶損別人；見到別人不如自己，又冷嘲熱諷，借壓低別人來抬高自己。處處要求別人尊重自己，而自己卻不去尊重別人。在處理重大問題上，意氣用事，我行我素，主觀武斷。像這樣的人，工作上成事不足、敗事有餘，在社會上恐怕也很難與別人和睦相處。

偏激的人看問題總是戴著有色眼鏡，以偏概全，固執己見，鑽牛角尖，對人家善意的規勸和平等商討一概不聽不理。

偏激的人怨天尤人，牢騷太盛，成天抱怨生不逢時，懷才不遇，只問別人提供了什麼給他，不問他為別人貢獻了什麼。

偏激的人缺少朋友，人們交朋友喜歡「同聲相應，意氣相投」，都喜歡結交飽學而又謙和的人，老是以為自己比對方高明，開口就和人家唱反調，明明無理也要攪三分的主兒，誰願和他打交道？

因此，偏激的人大多人緣很差。

要克服偏激，只有對症下藥，豐富自己的知識，增長自己的閱歷，多參加有益的社交活動，同時，還要掌握正確的思想觀點和思想方法，才能有效地克服這種「一葉障目，不見泰山」的偏激心理。

一個人有主見，有頭腦，不隨人俯仰，不與世沉浮，這無疑是值得稱道的好品格。但是，這還要以不固執己見，不偏激執拗為前提。無論是做人還是處世，頭腦裡都應當多一點辯證觀點。死守一隅，坐井觀天，把自己的偏見當成真理至死不悟，這是做人與處世的大忌。

心理學家認為，固執與那種愚蠢而又頑固的倔強相近似。它是一種偏執型人格障礙。

有些人固執己見，從不採納他人的忠告。這種態度是不可取的，所謂「三個臭皮匠，勝過一個諸葛亮」。每個公司的成員數目不一，對於同一件事情的看法當然會有很多個不同的論點。何不稍加統合整理，以讓事情進行得更加順利呢？

固執的人常常由於過度自信而喪失謙虛之心，認為自己才是最正確的、最好的，以至於看不見他人的長處。

固執的人其主要特點是敏感多疑。好嫉妒、自我評價過高、不接受批評、易衝動和詭辯、缺乏幽默感。現代醫學研究顯示，固執的人不但妨礙了健全的精神面貌，而且還會導致神經系統與內分泌系統的功能紊亂，進而影響到人的正常生理代謝過程，使人體的免疫能力降低，易患多種疾病。如神經官能症、消化道潰瘍、高血壓、冠心病等身心疾病，並使人早衰，縮減壽命。

因此，有必要給這些人一些心理補償，以減輕其身心的傷害。

- **從書籍中獲得撫慰**：法國數學家、哲學家笛卡兒說過：「讀一些好書，就是和許多高尚的人談話。」實驗顯示，經常閱讀偉大人物的傳記，更能使那些固執的人得到心靈上的慰藉。豐富的知識使人聰慧，使人思想開闊，使人不至於拘泥於教條的陳規陋習。但是應該注意的是，越有知識越要謙虛，這是做人的美德。
- **克服虛榮心，培養高尚的情趣**：人無完人，誰都會有缺點和錯誤，這用不著掩飾。我們要以真誠的態度來對待生活，要樹立遠大的目標，追求美好、崇高的東西。不要整天把心思放在修飾打扮和趕時髦上。更不要誇誇其談，不懂裝懂。
- **加強自我控制**：要善於克制自己的牴觸情緒，以及無禮的言語和行為。對自己的錯誤，要主動承認，善於應用幽默，自我解嘲地找個臺階下來，不要頑固地堅持自己的觀點。
- **養成善於接受新事物的習慣**：固執常和思維狹隘、不喜歡接受新東西，對未曾經歷過的東西感到擔心相連繫。為此我們要養成渴求新知識，樂於接觸新人新事，並學習其新穎和精華之處的習慣。

偏執的人大多容易衝動。如果你想減輕心理壓力，就必須學會控制衝動。

首先控制你自己，然後你才能控制別人。控制自己的衝動不是件非常容易的事情，因為我們每個人心中永遠存在著理智和感情的鬥爭。

控制衝動的全部內容是：按理智判斷行事，克服追求一時感情滿足的本能願望。一個真正具有控制衝動能力的人，即使在情緒非常激動時，也是能夠做到這一點的。

「對付反對意見的最好方法，乃是傾聽對方的敘說，以表示我們即使不能同意，但是我們還是尊重對方的意見。」在某些情形之下，我們的策略還得更進一步：「有些反對意見必須在我們稍做讓步後才能說服他們。」

中國有句古話：「退一步海闊天空。」如果退一步能換來最後的勝利，為什麼又要堅守那一步不走呢？

22

懶惰解碼

等待只會錯過機會　幸運已從身邊溜走

俄國著名作家契訶夫是這樣描繪他身上的惰性的：

「我的父母和長輩非常肯定地說，她比我出生早。我不知道他們說的是否正確，只知道我的一生中沒有哪一天我不屬於她，不受她的駕馭。她日夜都不離開我，我也沒有打算立刻躲開她。因此，我們之間的關係是緊密的，牢固的。但是，年輕的女讀者，請不要忌妒。這種令人感動的關係給我帶來的只是不幸。

「首先，我的『她』日夜不離我，不讓我做事。她妨礙我讀書，寫字，散步，盡情地欣賞大自然的美。我寫這幾行時，她就不斷地推我的手臂，像古代的埃及豔后對待安東尼一樣，總在誘惑我上床。

「其次，她像法國妓女一樣毀壞了我。我為她，為她對我的依戀而犧牲了一切：前程、榮譽、舒適……多虧她的關心，我穿的是破舊衣服，住的是旅館的便宜茶淡飯，用的是摻過水的墨水。她吞沒了我的一切，真是貪得無厭！我恨她、鄙視她，我早該和她離婚了，但是直到現在還沒有離掉，這並不是因為莫斯科的律師要收四千盧布的離婚手續費……」

「您想知道她的名字嗎？請您聽著，這個名字富有詩意，與莉利亞、廖利亞和奈利亞相似 —— 她叫懶惰。」

在現實生活中，我們也可以看到，懶惰對人的危害有多麼大：由於懶惰，人們不愛讀書，不愛勞動，不愛活動，什麼事都懶得做，只想著享受；由於懶惰，沒有進取心，生活沒有目標，得過且過，結果一無所獲，一事無成，喪失了美好的前途；由於懶惰，不去勞動，生活過得清苦……

我們單單從「懶」字上看懶就會懂得它的危害性，排在前面的豎心旁，就像是一把鋒利的劍一樣插在那裡。後面那個「賴」字從字典中可以查到是「留在某處不肯離開」的意思。你想想，「賴在心頭一把劍」會對人有多大的危害啊！

其實，懶惰的人不是天生的，因為大凡是人就總希望有事可做，就像大病初癒的人總是希望四處走走，做點事情。從某方面講，懶惰的人不是健康有問題，就是不喜歡所從事的工作。

怠慢會導致無所事事，無所事事會引發懶惰。而工作卻可引導興趣，進而形成熱情和上進心。

懶惰的人，不是什麼都不想做，只是自己懶得做。他們做事沒有積極性，往往有等、靠的心理，一切指望他人，事事要別人代勞，總想不勞而獲，占有別人的勞動成果。懶惰的人整天盼望有朝一日，天上能掉餡餅下來；有的甚至夢想呂洞賓下凡給他點金術，坐在家中指指石頭就黃金滿屋。他們不想栽果樹，卻想吃桃子。常常用一句「車到山前必有路」的口頭禪，來為自己的惰性開脫，為自己的惰性辯護。

懶惰是事業的敵人，人懶不成器，懶惰的人，沒有進取心，人生態度消極，生活空虛。小事不願做，大事做不來，他們永遠是失敗者，一無所獲，一事無成，更談不上成大器，立大業了。它給人留下的只是空虛和懊悔。

懶惰的人，把能做的事能拖就拖，今天的事，留給明天，到了明天，又推到後天，到了後天……這樣的人，成功對他們來說，只是白日做夢。很多人都有遠大的理想，但就是不能實現。

事實上不是理想不能實現，而是因為懶惰不願去付出勞動和努力。兩天打魚，三天晒網；一天打鳥，三天拔毛，最後理想就變成了空想。

懶惰的重要特徵之一就是拖拖拉拉，前天的事往往會拖到後天才能完成。

所謂拖拖拉拉就是把明知道要做的事情延遲去做。我們都會內疚地說：「那事我過會兒就做。」然而，有些人做事情竟如此拖拖拉拉，這樣便滋生出緊張和焦慮。

辦事拖拖拉拉的人往往故意迴避自己的擔憂。拖拖拉拉的毛病產生於下列兩種情況：

1. 任務不緊迫，而且你知道今天會有大量的時間來完成它。
2. 有其他你希望即刻辦理的事情。

這兩種情況包含著下列幾種因素：

- **擔心失敗**：你可能把它延遲到最後一刻，然後辯解說：「我沒有足夠的時間來做這些事。」這樣做是在給自己找藉口，是在保護自己免遭失敗的打擊，即你最擅長的事情可能做得並不夠好。
- **害怕遭到拒絕或不敢同他人保持親密的關係**：從不花費時間去請朋友吃飯，這樣在你與他人之間就形成了一定的感情距離。
- **懼怕達不到期望值**：你若非常成功，人們可能期望你下次更為成功。
- **缺乏責任感**：你也許覺得該任務不太重要。

拖延是如此司空見慣，如果你是一個細心人，你將發現，拖延正在無形之中揮霍我們的生命。

我們常常會為自己找些藉口，以使自己輕鬆舒服。有的人可以果斷地克服惰性，主動迎接挑戰；有的人卻優柔寡斷，被行動和拖拖拉拉所困惑，不知如何是好。

拖拖拉拉如果形成習慣的話會消滅人的意志，使人失去信心，懷疑自己的決心；當然，有時候思考過多、猶豫不決也會造成拖拖拉拉。謹慎是必要的，但過於謹慎則會造成不良後果。

要想盡辦法不拖拖拉拉，在考慮清楚後立即動手，絕不拖延。其主要方法有以下 7 種：

- **列出表格**：把你生活的各個方面延遲做的事情列成表格。選出其中的一項，回憶你延遲它的理由，然後立即著手完成它。
- **立刻去做**：一旦立刻去做，你會發現情況比你預料的好，就像進入一個冰冷的泳池，慢慢地去適應比直接跳進泳池痛苦要小得多。
- **制定計畫**：把這項工作寫進日記或列入「要做」的工作表內，使它成為你日常工作的一部分。如果你以最不愉快的事作為一天的開始，那這一天就會變得越來越好。
- **把它分割成若干小部分**：如果工作量太大，每次就只做一部分。把工作與更令人愉快的事情結合起來，有規律地、經常性地一點一點去做，直到最後全部完成。
- **樂觀地思考**：把你延遲工作的消極想法寫下來，並向它們提出挑戰。降低自己的期望值，不要力求十全十美。
- **制定獎勵計畫**：一旦達到了你的目標，就要獎賞自己，給自己來杯啤酒，觀看自己喜歡的電視節目或送給自己一件小禮物。
- **不要超越最後的期限**：告誡自己「應在某時某刻完成任務」。把自己完成任務的最後時限先告知你的家人、朋友或同事，這樣使自己負起責任。

根據研究顯示，大部分人在無聊的時候不是感到快樂而是感到煩惱和不快。而忙碌的人，則往往是最快樂的人。

※

柯特林先生一直是某知名企業的副總裁，最近才退休。可是，當年他卻窮得要用穀倉裡堆稻草的地方做實驗室。家裡的開銷，都得靠他太太教鋼琴所賺來的 1,500 美金。後來，他又跑去用他的人壽保險做抵押借了 500 美金。在那段時期他的太太非常憂慮和擔心。她有時擔心得睡不著覺，可是柯特林先生一點也不擔心。他整天埋頭在工作裡，沒有時間去憂慮。

人在同一時間內不可能想到幾件事，如果在同一時間你很忙，腦子裡專注於你正在做的這件事，就不會胡思亂想，其中也包括憂慮在內。

我們在工作中忙碌的時候，是沒有時間憂慮的，可是閒暇時，就在我們能自由自在享受悠閒和快樂的時候，憂慮又會來干擾我們。它會掏空我們的思想，摧毀我們的行動力和意志力。

所以，我們不能讓自己的腦筋空起來，以防那些讓我們憂慮的東西再次鑽進去。為什麼？因為憂慮、恐懼、憎恨、嫉妒和羨慕等情緒，都是由我們的思想所控制的，這種情緒都非常猛烈，會把我們思想中所有平靜的、快樂的思想和情緒都趕出去。

由此可見，忙碌是治療憂慮的最好醫生，也是克服懶惰的最好方法。

不管什麼時候都有許多事情要做，要克服懶惰，你不妨從遇到的隨便一件事上入手。不要在意是什麼事，關鍵在於打破遊手好閒的壞習慣。換個角度說，假如你要躲開某項雜務，你就要針鋒相對，立即從這項雜務入手。要不然，這些事情還是會不停地困擾你，使你厭煩而不想動手。

你一旦養成了「立即就做」的工作習慣，你就大體上掌握了人生進取的精髓。

生活中只有少數幾件事是真正重要的，而它們對成功和快樂的影響卻有顯著的作用。因此，對於工作來講，我們要學會「聰明地工作而不是努力工作」，聰明的工作讓我們壓力減小到最低點。

有人曾經這樣說過：如果你想更快和更輕鬆地完成某件事情，那麼就把它交給一個「懶人」去做吧！顯然，這裡的「懶人」並不是指上面我們提到的那些不重要的、能湊合的、沒有效率的懶人。恰恰相反：這裡所說的「懶」是指效率優先的懶惰，這種懶惰能為你的生產和生活帶來更多的創造性。

其實，如果你能在更短的時間內更有效地完成工作，那不是懶惰，只是聰明人選擇的方式而已。那麼，有時，我們不妨「懶惰」一下。

可以肯定，要成為一個具有適度的懶惰和高效率的人，你首先得是一個聰明和有創造性的人。做事的關鍵是，要把精力集中在重要的結果上，而不是集中在你花了多少時間上。

事實上，人類許多發明創造都源自於這種懶人的想法。人正是懶得推磨，才發明了風車；懶得走路，才發明了汽車⋯⋯巧於懶惰的人，身上常常閃爍著創造的火花。「懶」從某種角度來說，既能成為一種創造的動力，也能提高生產的效率。

長期以來，人們一直認為懶惰是最丟人的事。實際上，「懶人」極大地推動了社會的進步，他們懂得如何做正確的事。沒有「懶人」，再勤勞的人也會沉溺於單調乏味的勞作中而無法自拔，因為一個人過於忙碌地工作而沒有時間去思考要做的事，他將無法充分發揮自己的潛能。懶人卻有充分的時間去思考、去創造。

在日常生活中，我們經常會看到，「懶惰」的飯店服務員所提供的服務往往是最令人滿意的，他們總是力爭一次就把餐具都送到餐桌上，因為他們討厭多走路，哪怕是半步；而那些勤快的夥計卻端上咖啡而不帶方糖和勺子，反正他們不在乎多走幾趟，每次只取來一樣東西，結果咖啡已經涼了。

人類的祖先生活在條件惡劣的山洞裡，每次想喝水，都要走到溪水旁邊才行。於是他們發明了最初的水桶，用水桶可以把足夠一天飲用的水一次提回去。不過，如果他們連水桶也懶得提了，下一步就會想到發明管道了，水可以順著管道從小溪一直流進自己的屋子裡。為了不必翻山挑水，水泵和水車也被發明了出來，這無疑都是「懶人們」的貢獻。

最傑出的動作研究之父法蘭克 · 邦克 · 吉爾布雷斯（Frank Bunker Gilbreth），常常把各行各業優秀工人的勞動動作拍成影片，以判斷一種工作最少可以用幾個動作完成。經過反覆觀察，他發現，「懶人」往往才是最優秀的工人，人們可以從他們身上學會許多東西，這種人懶得連一個多餘動作都不肯做。而勤快一些的人效率要低得多，因為他不在乎把力氣花在多餘的動作上。

同樣，懶人往往比勤快的人更適合做領導者，因為他們有時間思考。在螞蟻王國中，蟻王一定是那個最懶惰的傢伙。

精神的懶惰也同樣推動了歷史的發展。許多重要的法則和定理都是「懶人」想出來的，因為他們想在腦力勞動上尋找捷徑。有了這些法則和定理，很多複雜的計算就變得非常簡單了。

想想看，如果那些定理、法則沒有被發現，我們在生活裡將會遇上多麼複雜的局面，將會碰到多麼令人筋疲力盡的麻煩啊！

培養一點「懶人」精神吧，生活中總有大量的事情等待我們去處理，如果你減少一些工作量，你就會有空做一些廣泛的研究，你的創造性思維也會越來越活躍，成功也變得指日可待。

※

工作和休息的衝突，往往是降低工作效率的主要原因。

這主要是因為現有的工作程式或形式，阻礙了私人休息的時間，使個人在工作時集中精力的程度不夠，而無法達到預期的工作效果。這就需要我們對這兩者的組織形式要有一個新的安排。

比如：工作累了，利用休息的時間放鬆一下疲憊的身心，你是不是覺得很愜意；然後重新懷著一顆輕鬆的心情投入工作，你是不是覺得更加信心百倍。

長久以來，休閒一直被認為是懶惰的表現，許多人相信唯有終日工作才能讓自己有更好的成就。然而，如果生活中只有工作，生活將會變得極其單調。如果長期壓縮在工作的牢籠中，不僅會讓你的細胞加速老化，影響學習與記憶，還會讓你感覺身心疲憊，缺乏創意。

要想突破現況，能有更傑出的表現，就不應該把生活都局限在工作中。因為只有勞逸結合，才能讓心靈得以解放，而且還能保持思維常新、更富創造力。

現在一般公司的工作時間，通常是「早九晚五」的工作制。不過有些做老闆的，為了讓其利潤與自己的工作表現成正比，就會超出這一範圍，拚命工作，拚命賺錢，使自己像一顆不停旋轉的陀螺。

一般拚命工作的人都會有這樣的體驗：當早上已經連續拼搏了幾個小時，身體已很疲憊，到了中午時分，飢腸轆轆之時，便會覺得渾身疲憊到了極點。如果覺得疲倦了仍不停手地硬撐著幹下去，即使明知此時工作效率肯定會大打折扣，仍然認為休息是在浪費時間，還是死命地硬撐著，實在是非常愚蠢。而這樣的人在辦公室裡其實不在少數。

其實這樣說穿了，難道不是自己欺騙自己嗎？因為你工作的效率已經非常有限，再工作下去也不會有多大的成效。這時，休息便成為最美好的休閒享受，同時這也是為你下一步工作養足精神，只有這樣，你在工作中才會始終保持高度的熱情。

一個會工作的人，也應該會休息。工作與休息是不可分割的，若處理不好，真不知對健康有多大的影響，給人以多大的壓力。等身體出毛病了，才真正了解到「欲速則不達」的道理。而且我們會發現生命中最寶貴的其實是健康，為了多掙一些錢，就損害健康太不值了。

另外，一個不會休息的人還會影響到公司的工作績效。到頭來工作沒做好，休息時間也沒有，簡直就是「受累不討好」。

一般說來，長期工作的人之所以會感到疲勞，主要是因為在工作中長時間維持同一個姿勢，使血液流通不暢和肌肉疲勞。此時的疲憊其實是身體的生理反應，告訴你身體的某一部位負荷超重，需要休息。如果對此種反應麻木不仁，便可能生病。其實很多病毒在侵襲你的身體之前，你的身體都給你警告了，只是你沒有注意罷了。

所以，當身體出現疲倦的警告時，稍事休息才是最佳的選擇。

正如英國著名心理學家愛德華 ·L· 柏納斯提醒人們說：「千萬不要讓二分法支配你的生活，把你討厭做的事情和休閒時間所做的事情分得一清二楚。應該盡量地自我調整，從工作中也能夠獲得和休閒時同樣的樂趣。」

瞧瞧，多麼中肯的建議啊！

事實上，當你試著把自己放輕鬆些，在工作當中學會勞逸結合，你會發現自己對工作有了全新的滿足感。我們許多人都是在高壓的環境下工作，但是如果我們剔除自己對工作負面的態度以及感受，並且透過協助他人，我們會發現原來的壓力將不翼而飛。

23

依賴解碼

找到自己的座標　才能改變自己的命運

23・依賴解碼

甯甯的爸爸和媽媽非常喜歡社交活動。沒有甯甯之前，他們的生活自由自在，非常有情趣。可是現在有了甯甯，他們的生活規律完全被打亂了，因為他們的兒子甯甯越來越多地纏著他們了。

一天，朋友有一個宴會邀請他們夫妻二人一起去，他們不想帶著孩子去，他們叫保姆好好照看孩子。可是當甯甯看到爸爸和媽媽正要出門時，就喊道：「爸爸媽媽，我也要跟你們去。」

保姆在一旁勸著甯甯，甯甯的父母也在勸著，說：「爸爸媽媽今天去大場合，你不方便去的，還是在家裡和阿姨玩吧。我們回來時買肯德基給你。」

可是甯甯並不理會這些，他一時一刻也不想離開他們。他拉著媽媽的手不鬆開，喊著：「不，別離開我，帶上我！媽媽，我要去嘛！」

媽媽放下手邊的工作，蹲下來想說服甯甯，她很愛甯甯，也很有耐心。「別這樣，寶貝，我們愛你。我們以後還會經常外出。我們外出的時候，你就跟阿姨在一起，不會有事的。」

「不！我要跟你們一起去！」甯甯聲嘶力竭地叫喊，幾乎要哭出來了。媽媽嘆了口氣，似乎每次出門都要不可避免地經歷這樣一趟折騰，她的赴宴興致已經消失了一半。

「趕快！沒有時間了。」甯甯的爸爸提起旅行袋，先妻子一步邁出了大門。看來，說服甯甯是沒有希望了。媽媽強行掙脫了甯甯的小手，一狠心嘭地一聲關上門，與此同時，她聽到身後傳來甯甯「哇」的一聲大哭，那哭聲充滿恐懼、無助和委屈。

甯甯的媽媽實在受不了，逼不得已只好回來，甯甯的爸爸只能一個人去。而此時，甯甯媽媽的心裡非常煩躁。

從故事中可見，甯甯的這種依賴心理讓甯甯的媽媽很無奈。誠然，全世界的孩子都一樣，如果把他們和母親分開，他們會體驗到強烈的分離焦慮。這種母子依戀可以給孩子安全感。

依賴，是一個人心理斷乳期的最大障礙。隨著年齡的增長，你雖然具備了一定的獨立意識，但對別人的依賴仍常常困擾著自己。隨著身心的發展，你一方面比以前擁有了更多的自由度，另一方面卻擔負起比以前更多的責任，面對這些責任，你還不能盡快地跨越依賴別人的心理障礙。

依賴心理主要表現為缺乏信心，放棄了對自己大腦的支配權。其具體表現為：

第一，沒有主見，缺乏自信，總覺得自己能力不足，甘願置身於從屬地位。總認為個人難以獨立，時常祈求他人的幫助，處事優柔寡斷，遇事希望他人為自己做決定。

第二，依賴性強的人喜歡和獨立性強的同學或同事交朋友，希望在他們那裡找到依靠，找到寄託。讀書或工作上，喜歡讓老師或上司給予指導，時時提出要求，否則，他們就會茫然不知所措。

可見，具有依賴性格的人，如果得不到及時糾正，發展下去有可能形成依賴型人格障礙。依賴性過強的人需要獨立時，可能對正常的生活、工作都感到很吃力，內心缺乏安全感，時常感到恐懼、焦慮、擔心，很容易產生焦慮和憂鬱等情緒反應，影響身心健康。

依賴別人，意味著放棄對自我的主宰，這樣往往無法形成獨立的人格。

※

有一對夫婦晚年得子，十分高興，把兒子捧在手心裡呵護，深怕他受到任何傷害，什麼事都不讓他做，兒子長大以後連基本的生活也不能自理。一天，夫婦要出遠門，怕兒子餓死，於是想了一個辦法，做了一張大餅，套在兒子的脖子上，告訴他想吃時就咬一口。等他們回到家裡時，兒子已經餓死了。原來他只知道吃脖子前面的餅，不知道把後面的餅轉過來吃。

這個故事譏諷得未免有些刻薄，但現實生活中類似的現象也不能說沒有，特別是如今大多數家庭都是獨生子女，父母、爺爺奶奶、外公外婆都視之為寶貝，孩子的日常生活嚴重依賴親人，造成長大以後生活自理能力極差。

獨生子女的教育如果不抓緊抓好，有些孩子很可能會養成依賴他人的習慣甚至形成依賴型人格，小則影響了個人的前途，大則影響一代人的發展乃至整個國家的命運。

我有一個朋友曾對我說：「我小的時候，生在一個有錢有勢的人家裡，父母對我照護得真是無微不至，穿的，吃的，都用不著我來動手。因此，當時造成我一種十分依賴的個性，既不用操勞，更不必用腦！」

「如果當時我大膽離開了這樣一個家庭，」他接著說：「乘舟遠渡重洋，走到需要我操勞用腦的環境中去，也許我現在的自尊心要強多了。但可惜當時我不是那樣一個頑皮的孩子。我很老實，於是也就被老實所誤。」

當然，假使任何事情都由別人來代你解決，任何錯誤都由別人來代你擔當，任何責任都由別人來負，那麼你的生活將是多麼安閒愉快啊！可是，如果再進一步想一想，那時你將成為怎樣的人呢？——你只會在依賴中迷失自己。

人為什麼會在對別人的依賴中迷失自己呢？這是因為：依賴的產生和父母過分照顧或過分專制有關。過度保護子女的家長，一切為子女代勞，他們給予子女的都是現成的東西，孩子頭腦中沒有問題，沒有矛盾，沒有解決問題的方法，自然時時處處依靠父母。對子女過度專制的家長一味否定孩子的思想，時間一長，孩子容易形成「父母對，自己錯」的思維模式，走上社會也覺得「別人對，自己錯」。

顯然，這兩種教育方式都剝奪了子女獨立思考、獨立行動、增長能力、增加經驗的機會，妨礙了子女獨立性的發展。

「讓你依賴，讓你靠」，猶如伊甸園的蛇，總在你準備赤膊努力一番時引誘你。它會對你說：「不用了，你根本不需要。看看，這麼多的金錢，這麼多好玩、好吃的東西，你享受都來不及呢！」……這些話，足以抹殺你意欲前進的雄心和勇氣，阻止你利用自身的資本去換取成功的快樂，讓你日復一日原地踏步，止水一般停滯不前，以至於你到垂暮之年，終日為一生無為悔恨不已。

另外，依賴心理的形成是一個長期的過程，是多種因素相互作用的結果。它是一種消極的心理狀態，影響個人獨立人格的完善，制約人的自主性、積極性和創造力。而要克服自己的依賴心理，也並非一朝一夕能夠解決，要多角度、長時間地去攻克它。

要克服依賴心理，我們需要從以下幾個方面入手：

- **要學會接納自己**：一個人要在事業上有所作為，首先要正確的認識自己，對自己採取接納的態度。每一個人都有自己的優缺點。有的人發現了自己的缺點，就當成包袱背起來，老是壓在心頭，連自己的優點和長處也看不到了。於是，自己的精神優勢被自身的弱點與缺陷所壓垮；自身的潛在能力與智慧被自身的弱點與拒絕所泯滅，從而為自己設置了障礙。事實上，人們應該充分、準確、客觀地認識自己。要做到這一點，則必須先在心理上接納自己。
- **要增強自信心**：自信心是對自身潛能的肯定，是追求事業成功過程中的一種良好的心理素養。要有自己相信自己、自己戰勝自己的信心。只要堅信「沒有不可能」，一股新思想的動力就像清泉一樣充實著頭腦並改造自己的人生。

- **要培養獨立的人格**：每個人都需要他人的幫助，但是在接受他人幫助的同時必須發揮自己的主觀能動性。對大事可徵求他人的意見，但必須掌握一點，他人的意見僅供參考。

當我們從對他人的依賴關係中解脫出來時，我們就會有一種踏實的感覺，就能感受到自信的力量，享受到自主、自立給自己帶來的好處，那麼，依賴心理也就無立足之地了。

明智的父母應該從解決「依戀問題」開始高度重視並積極培養孩子的自主自立意識，保證他們成人後能夠擁有健全的自我獨立精神。

※

一個人要想在社會上站穩腳跟，就必須以自立、自強為核心，培養自我獨立精神。

美國人的自立意識是生活方式中的最根本觀念，是信奉個人主義的強烈要求。其含義是相信每個個人都具有價值，都應按其本人的意願和表現來對待和衡量。這種個人主義和自私自利不同，它表現在社會實踐中，對個人獨立性、創造性、負責精神和個人尊嚴的尊重。在家庭中，孩子應受到作為一個個人所應受到的尊重。

成年後，他們對自己的生活和前途有選擇的權利和自由，從而對自己的遭遇，不論好壞都由自己負責。父母只能發揮「諮詢作用」，不能為兒女代為安排個人的事宜。成年兒女一般都自立門戶，獨立生活。

日本著名企業家松下幸之助曾經說過這樣一段話：「獅子故意把自己的小獅子推到深谷，讓牠從危險中掙扎求生，這個氣魄太大了。雖然這種作風太嚴格，然而，在這種嚴格的考驗之下，小獅子在以後的生命過程中才不會洩氣。在一次又一次地跌落山澗之後，牠拚命地、認真地、一步步地爬起來。牠自己從深谷爬起來的時候，才能體會到『不依靠別人，憑自己的力量前進』的可貴。獅子的雄壯，便是這樣養成的。」

無獨有偶。美國石油家族的老洛克斐勒，有一次帶他的小孫子爬梯子玩，可當小孫子爬到不高不矮（不至於摔傷的高度）時，他原本扶著孫子的雙手立即鬆開了，小孫子於是也跟著滾了下來。這不是洛克斐勒的失手，更不是他在搞惡作劇，而是要小孫子的幼小心靈感受到：做什麼事都要靠自己，就是連親爺爺的幫助有時也是靠不住的。意義可謂深遠。

美國有一些大學生，儘管父母有錢，也不願依賴他們。畢業後找不到合適的職業，用不上專業特長，寧可降格以求，大材小用，目的是要有工作，自己賺錢獨立生活。

這些大學生中，自力更生、半工半讀的占較大比例，「花花公子」式的是少數。學生在學校裡「打工」，維護環境衛生等，收取報酬。他們並不以各種雜工為恥，都能盡職做好。因而美國的大學生當臨時工不少，他們養成了勞動習慣，增長了社會知識，還學會了某些技能，也解決了部分學習費用。

在日本，有一本《20 歲的年輕人必須嘗試的 50 件事》的暢銷書，書中闡述的一個觀點是要求青年「在生活目標上做一個『不孝者』——你的一生不屬於你的父母」。其目的就是培養青少年自立於世的意識。

「向父母要錢是件不光彩的事。」在日本，不少大學生建立了這樣的觀念。日本是個重教育的「學歷社會」。進入大學學習，學費、書費、生活費用不少。大學生們普遍在業餘做兼職，勤工儉學，來貼補學習費用。他們認為，除必要的費用依靠家裡提供外，應盡量自己解決讀書的各種開銷。他們認為向大人頻頻伸手很不光彩。男同學向家裡要錢，更怕女同學看不起他。即使是家境極好的學生，也恥於得到父母的資助。

※

有些女性非常容易透過對某一種事物的依賴來減壓、獲得安全感或者精神上的愉悅，但是當她們所依賴的事物即將失去，或有可能失去的時候，她們就會被一種極度的不安困惑，並有可能引發憂鬱或者焦慮等嚴重的心理問題。

現在，有越來越多的職業女性，雖然每天的工作忙得不亦樂乎，可還是常常覺得自己不夠充實、內心感到空虛，時時想要做點什麼才能安撫自己……這種總想填滿心靈空洞的衝動，就是如今讓眾多女性痛苦不已的依賴症！你是否也有這樣的狀況呢？

依賴症就像一段感情，開始時你並不知道它是對還是錯，往往在欲罷不能時才驚覺自己已投入過多……

今年30歲的吳豔結婚已經快4年了，但總還像個孩子一樣依賴丈夫。平時，吳豔幾乎沒什麼朋友，一下班就回家與丈夫黏在一起，小到每天穿什麼衣服，大到工作上碰到的難題，她都要靠丈夫拿主意。因此，每次只要丈夫出差超過一個星期，吳豔就會有一種坐臥不安的感覺。她一個人在晚上睡覺總覺得很沒有安全感，整天悶悶不樂甚至發脾氣。

不僅如此，平時對待工作她也提不起熱情了。試過好幾次，吳豔的丈夫在外地打電話給她，她就在電話裡哭了起來，一個勁地要丈夫快點回來。

吳豔說，她真的特別害怕丈夫不在身邊的那種感覺，她會感覺心裡空蕩蕩的、彷彿少了什麼似的，心情也會很煩躁，並且覺得日子特別漫長，總不能使自己變得開心起來。

顯然，我們身邊許多朋友都存在像吳豔這樣的狀況。如果一個人的社交圈子太窄，把所有情感和快樂都寄託在一個人身上，依賴症往往就會乘虛而入。

其實，人們的依賴症不僅僅局限於這種情感依賴，還有很多，比如說，依賴手機、依賴食物、依賴工作⋯⋯

專家認為，人之所以會產生依賴症，與他們溫順、柔弱的個性有關。這主要是因為，有些人的生活往往比較單調，社交範圍狹窄。因此，當他們透過某種事物排解了壓力，獲得了安全感，或者愉悅的心情後，往往容易對這種事物或者人產生迷信的心態 —— 以後每逢需要安全感，或者需要排解煩惱就向這一事物尋求幫助。

然而，依賴症產生後，另一種情緒也會隨之而來，這就是害怕失去這種事物。在這種情緒下，得了依賴症的人們會顯得非常不安，精神常常處在一種緊張的狀態下，嚴重者還會出現失眠、頭暈、頭痛、心慌等焦慮的症狀。

那麼，各位朋友要如何擺脫依賴症的束縛呢？

- **要承認依賴症**：如果一個人患了依賴症，他會很難掌握自己，不知道正常狀態應該是怎樣的。這時候可以對照以下幾條標準，看看自己有沒有類似的情況出現？

  「不管怎樣，這件事都要先做」，在你的生活裡，就有這樣的一件事。這件事會對身體或者經濟帶來不良影響；自己已經發現了它的壞影響，可就是無法放棄，總是重蹈覆轍。哪怕只有一條符合，你就已經處於依賴症的邊緣了。如果你意識到這一點就可以找到對症下藥的解決辦法。

- **千萬不要自責**：患上依賴症的人們，有時會對自己很苛求，希望自己能在拒絕依賴的過程中變得更堅強些，但這種過度的自責反而會取得適得其反的效果，有的甚至越陷越深。如果有什麼事情是自己想去做的，但在實踐過程中卻沒能辦到，這也沒什麼關係。不要責怪自己，要學會鼓勵自己。

- **積極尋找他人的幫助**：「每個夜晚來臨的時候，孤獨總會在我左右……」如果一個人總是顧影自憐，依賴症往往會乘虛而入。要是有一個能無話不談的朋友，困擾自己的問題就能迎刃而解。因此，在此時可以尋求朋友的幫助。
- **要培養忍受孤獨的能力**：一個人待著，並不等於被別人孤立。學會享受一個人的時光，不依賴別人，也不依賴某種東西或行為。獨處的時間能夠幫助你客觀正確地認識自己，也是形成自己獨立個性所必需的，這是改善依賴症最重要的一點。

當然，人們的心理依賴是很難完全克服的。有時候，合適地表達這種依賴感，反而有助於建立人與人之間的融洽關係，而這正是依賴的優勢所在！

24

欺騙解碼

放下扭曲人格的擋箭牌　端起照出自我的透明鏡

有這樣一個故事：

一個人在火車上坐下後，把自己的包裹和行李放在了旁邊的座位上。後來，車上的人越來越多，車廂越來越擁擠。這時，有一位先生問他旁邊的座位是否有人。

那個人說：「有人。那人剛剛去了吸菸車廂，他一會兒就回來。你看，這些東西就是他的。」但這位先生懷疑他所說的話，就說：「好吧，我坐在這裡等他回來。」於是，這位先生把行李和包裹拿下來，放在了地板上和行李架上。這個人怒目而視，卻什麼話也說不出來。因為那位在吸菸車廂的人是他編造出來的。

不久，這個人到站了，他開始收拾自己的東西。但那位先生說：「對不起，你說過這些行李是一個在吸菸車廂的人的。我有義務保護這些行李不被你拿走，因為這些行李不是你的。」這個人發怒了，他開始罵人，卻不敢去碰那些行李。

這時，一個站務員被叫來了，他聽了這兩個人的話後說：「那好吧。我來掌管這些行李，我會把它放到這一站。如果沒有人認領，那就是你的。」

在乘客們的哄笑聲和鼓掌聲中，這個人沒帶行李就灰溜溜地下了車。為了霸占一個不屬於他的座位，他撒了謊，為此他受到了懲罰。

有一位哲人曾這樣說過：「有一個古老的諺語說，一個人講了一個謊言，就不得不接著講更多的謊言。在他悔悟以前，情況會變得很糟糕。然而，這並不是全部的惡果。一個人如果講過一個小小的謊言，就會在他的性格中留下一個斑點，就像水果剛剛開始變質時的小斑點。一旦你允許自己講一次謊話，那麼你會發現你很容易說第二次謊話。」

對於欺騙，富蘭克林曾說過一句涵義深刻、發人深思的話：「一個人種下什麼，就會收穫什麼。」

的確，當你播下「欺騙」的種子，你的生命也就永遠結不出成功的果實。這是一項最基本、最明顯，但也是最不被人了解的生活原則。

現實生活中，很多人過分盲目地看重欺騙帶給自己的短時利益，視說謊、欺騙為贏得名利的一種最佳、最快捷的手段，相信欺騙會給他們帶來種種好處。在他們眼裡，生活、成功對於欺騙的需要，猶如做生意需要資本一樣，必需而自然。欺騙簡直無所不能。

有人可能長時間地欺騙一個人，也可能短時間地欺騙所有人，但他絕對不可能長時間地欺騙所有人。謊言就像雪地裡的破鞋，當春天陽光強烈的時候，一切都會顯露無遺。所以，不論你有什麼樣的理由，都千萬不要讓謊言從你的嘴裡吐出，更不要養成撒謊的習慣。

欺騙會扭曲人的品格，破壞人的自尊和自信，使得欺騙者缺乏自信，行動沒有原則。

當欺騙成為一種手段，人群就會遠離了「誠信」。沒有了「誠信」，我們的心靈又怎能獲得平靜呢？下面讓我們來看看一個丟棄「誠信」行囊的故事：

……年輕人思索一會兒，把「誠信」行囊丟進了水裡。船夫看著眼前的年輕人說道：「你丟掉『誠信』不後悔嗎？」年輕人猶豫著說：「不，不後悔。我們走吧！」船夫又淡淡地說道：「年輕人，我跟你來個約定：當你不得意時，就回來找我。」年輕人隨意地允諾，卻不以為然。他以為，有了身上的 6 個行囊，他是不會有不得意的一天的。就這樣，船夫把這個年輕人送到了河岸上。

不久，這個年輕人真的就靠著那 6 個行囊得到了一切。他靠金錢和才學擁有了自己的事業；憑著榮譽和機敏，他睥睨商界，縱橫無敵；而健康和美貌更是令他春風得意，娶了如花似玉的嬌妻。他逐漸地忘記了擺渡的船夫，忘記了被拋棄的「誠信」。

時間就這樣一年又一年地過去了，他到了中年，可是，他在晚上總是做著同樣一個夢：他坐在一艘小船裡，正愜意地遊蕩，突然風起浪湧。他被掀入急流之中，他並不下沉，只是水不斷地向他的嘴裡猛灌。此時，他感覺到自己開始下沉、不斷地下沉……

正當他又一次進入這個夢裡時，卻被一陣急促的電話鈴聲驚醒，電話那頭傳來驚恐急躁的聲音：「老闆，最近風聲太緊，那事是否先停一下。」他似乎開始驚慌失措：「不行……不行……停不了了……」

他拿著電話筒，呆呆地坐在那裡，一動不動。他知道電話那頭的「那事」是什麼。多年來，他欺騙了所有的人，包括他的對手和親人：他多次將商品以次充好，他承包的建築全是豆腐渣工程；他出入高樓大廈，天天酒池肉林，熱衷於燈紅酒綠的夜生活；他一擲千金，豪賭無度；他背棄妻子，頻頻與美女相會……

最後，由於欺騙，他鋃鐺入獄。他從監獄裡出來，想起了那個渡口，想起了船夫的話。他直奔渡口，可是船夫早已不在，只有那一條小船依稀看到昔日模樣，而此時的他也年近古稀。

從此，渡口多了一個老船夫，無人擺渡時，人們總能看到他獨自搖晃在風浪中，似乎在尋找著什麼……

讀完這個故事，你又有什麼樣的感想呢？

當你的內心對欺騙充滿幻想，企望它輔助你成功時，記住下面這句被千百個欺騙者證實的教訓吧：「所有的謊言都有一個共同的問題，就是當你無法自拔時，你必將付出代價。」

因此，許多說謊的人，在享受了欺騙帶來的短暫快樂後，很快就遭到報應，認清了欺騙的「真面目」，感到用欺騙的方法來對待他人，實在是得不償失，悔不當初。畢竟，一個人的聲譽，一旦被欺騙玷汙、損壞，要想補救，可以說比登天還難。所有的人都會對你重重設防，不讓你走近。如此一來，你的心理永遠得不到安寧。

但很多人並沒能洞察欺騙的危險本質，為貪圖一時的名與利，甘願出售他們寶貴的誠實，來換取欺騙的果實。

這是多麼令人心痛的舉動啊！

說謊有時候會使別人受到傷害，但是當謊言被揭穿的時候，受傷害最大的還是說謊者本人，因為說謊者會因此而遭到四周人鄙夷的眼光，以後不管你再說什麼，你的話一定會讓聽者大打折扣。即使謊言未被揭穿，謊言編造者也會因為自己的謊言而感到不安。

※

《聊齋志異》中有這樣一則故事：

有一個歹人偷了人家一隻活鴨，回家宰了，煮熟做了下酒菜。酒酣餚美，歹人洋洋得意。不料到了夜裡，他頓覺渾身奇癢，用手抓搔，天亮後一看，身上竟長出一層細密的鴨茸毛，一觸即疼，連衣服都不敢穿。為此他心中發怵，絞盡腦汁而不得醫治之法。

第二天，他夜間做了一個夢，夢見一個神仙告訴他說：「你施惡於人，觸怒上天，才對你如此懲罰，要想免罰，只有得到失鴨主人一頓臭罵，這鴨毛才得脫身。」然而，那位失去鴨子的老翁心地友善，寬宏大度，從不抓住別人的缺點計較個沒完，丟了東西從不懊惱發怒。

那個偷鴨的人很奸詐，跑到老翁家中撒謊說：「鴨子是某人所偷，你痛罵他，他就害怕了，就會賠你鴨子。」

老翁笑著說：「我沒有功夫去與這種品行惡劣的人計較，算了！」

此時的偷鴨人身上的鴨毛越長越長。他被逼得實在無法，開始悔恨自己的不端行為，於是向老翁講了實情，跪求老翁罵他。

老翁這才肯罵。說來也怪，經老翁一罵，那人身上的鴨毛一下子脫光了。

這則有趣的故事，細思之讓人受益匪淺。

現實生活當中，存在著說謊行為的人實在不少。說謊是一種極為不端的行為習慣，殊不知謊言欺人，也自欺。

如果不幸犯下過失，與其以說謊的方法來隱瞞事實，倒不如老老實實地承認來得好些，這是要求改過的唯一機會，也是請求原諒的唯一方法。

如果你不想使自己的良心或名譽受到傷害，想在社會上做一個堂堂正正的人，你就不應該說謊。

其實，謊言無論你怎麼偽飾，終會被人識破。要知道，一句謊言就可毀掉你誠實的名聲。還是讓我們以誠為本，改掉撒謊的不良行為習慣。當然，並非所有真相皆可講，有時為了自己應閉口不言；有時為了他人也要三緘其口。

培養一個天生誠實的孩子是很重要的目標，這樣的孩子在面對自己的錯誤時，不會感到自卑，反而會勇敢面對。

幾乎所有的孩子都曾撒過謊。孩子小時候因為是非觀念不清而說謊，他們多數會說出其實是他希望的結果，比如：「不是我做的，我沒有打破碗！」孩子漸漸長大後，則用說謊來逃避麻煩。對於父母而言，讓孩子知道無論在家裡還是在外面，說謊都會讓人陷入更糟糕的麻煩中，是很重要的。

為了讓孩子和你的期待都能夠明確化，你應該深入探究他借著說謊期望達到的目的，並且有針對性地加倍懲罰。

如果他是害怕你生氣，你就需要解釋你的怒氣其實來自失望和受到傷害，因為你相信你和他之間存在某種信任感，可以包容偶然地犯錯誤。你應該要求他坦言是否做了錯事，你也向他坦言他應該接受相應的懲罰。這樣，你就不會太失望，因為你不喜歡他再用說謊去錯上加錯。

當然，如果他想為所欲為，而且他很清楚你一定不會允許，那麼在他因撒謊而受到懲罰後，你應該和他討論你們雙方的立場。也許是你太嚴格了；也許是他很想展示某種超過自己年齡的能耐。你們不同的立場之間，也許存在妥協的空間、也許不存在。但無論何種情況，父母都要明確地表示：說謊才是最大的問題所在。

要想有效制止孩子的撒謊行為，父母要注意掌握以下一些技巧。

- 如果孩子撒謊時被你逮到，當你向他詢問為什麼要隱瞞真相時，你需要知道他是不是怕你生氣、怕你不愛他或者只是怕受懲罰。
- 要注意，你的懲罰不能太可怕，否則孩子會做出任何能夠避免受罰的事情，這樣只能變相鼓勵撒謊。
- 當他對很多事情不斷撒謊，或者超出常理地堅持某個特定謊言時，你可以試著問他一個問題：「如果真相大白，你想你會怎麼樣？」
- 如果你的孩子決定不再撒謊，並告訴你實情，一定要記住稱讚他，但也不要忘記懲罰。
- 雖然處理孩子的說謊有時是很棘手的事情，但無論如何，請別把孩子的撒謊視為背叛。聽著孩子捏造明明是謊言的故事，會讓人感到特別痛苦，你會覺得孩子好像是在愚弄你。但他並非這麼想，他只是要保護自己。當然，他應該學習比撒謊更好的辦法。

最後，提醒有些父母，如果你認為孩子小小的謊言沒有什麼危害，甚至覺得他們很滑稽可愛，那麼切記：撒謊一旦形成習慣，在孩子長大後就會變成罪惡的根源。並且，如果這種習慣一旦形成，再期望去改變它，只會是事倍功半。

25

焦慮解碼

敢想並且敢做　一定會有意外收穫

艾倫是一位商人，賺了幾百萬美元，而且也存了相當多的錢。他在事業上雖然十分成功，但卻一直未學會如何放鬆自己。他是位神經緊張的商人，並且把他職業上的緊張氣氛從辦公室帶回了家。

艾倫剛剛下班回到家裡踏入餐廳中。餐廳中的家具十分華麗，但他根本沒去注意它們。艾倫在餐桌前坐下來，但心情十分焦慮不安，於是他又站了起來，在房間裡走來走去。他心不在焉地敲敲桌面，差點被椅子絆倒。

艾倫的妻子這時候走了進來，在餐桌前坐下；他打聲招呼，一面用手敲桌面，直到一名保姆把晚餐端上來為止。他很快地把東西一一吞下，他的兩隻手就像兩把鏟子，不斷把眼前的晚餐一一鏟進嘴中。

吃完晚餐後，艾倫立刻起身走進起居室去。起居室裝飾得十分美麗，有一張長而漂亮的沙發，華麗的真皮椅子，地板鋪著高級地毯，牆上掛著名畫。他把自己投進一張椅子中，幾乎在同一時刻拿起一份報紙。他匆忙地翻了幾頁，急急瞄了一瞄大字標題，然後，把報紙丟到地上，拿起一根雪茄，引燃後吸了兩口，便把它放到菸灰缸裡。

艾倫不知道自己該怎麼辦。他突然跳了起來，走到電視機前，扭開電視機，等到影像出現時，又很不耐煩地把它關掉。他大步走到客廳的衣架前，抓起他的帽子和外衣，走到屋外散步去了。

艾倫這樣子已有好幾百次了。他沒有經濟上的問題，他的家是室內裝潢師的夢想，他擁有兩部汽車，事事都有保姆服侍他 —— 但他就是無法放鬆心情。不僅如此，他甚至忘掉了自己是誰。他為了爭取成功與地位，已經付出他的全部時間，然而可悲的是，在賺錢的過程中，他卻迷失了自己。

一個人為什麼會經常迷失自己？恐怕至今沒有人知道全部的答案。據醫學專家和心理學家的觀點，大多數情況很可能是由於恐懼和焦慮造成的。那些焦慮和煩躁不安的人，多半不能適應現實的世界，而跟周圍的環境脫離了所有的關係，退縮到自己的夢想世界，以此來解脫自己心中的憂慮。

最近一次蓋洛普民意調查的結果顯示：40%的美國人時時刻刻都會感到焦慮不安，而39%的人則是不時地處於焦慮的狀態當中。事實上，有80%的人去看醫生，是因為他們受焦慮之苦，而引發了相應的病症。

我們都知道，無論是做什麼樣的工作，是賣廉價的衣服還是昂貴的BMW汽車，是經營養殖場還是在家裡照看孩子，是一位知名的腦外科醫生，還是做一名喜劇演員，是什麼職業並不重要，因為無論我們的工作是什麼樣的，焦慮的情緒都會在某個時候，不知不覺間便將我們牢牢地抓住。它才不會管我們是貴還是賤，只要到時候了，它便會像一條蛇一樣悄悄地纏繞上來，在我們還沒有注意到的時候，就已經被它緊緊地包裹住，難以動彈，然後，焦慮會一點一點地侵襲過來，慢慢地從表面到身體內部，逐漸地吞噬了我們的心靈，消磨掉我們的鬥志，最終毀掉我們的精神。

我們所有的人都知道那會是什麼樣的一種狀況。因為我們都同樣地在工作，也同樣地在經歷著這樣的事情，儘管沒有人想要那樣的焦慮，沒有人想要經歷那樣的事情，但是無一倖免的是，所有人都會在一定的時候被焦慮和緊張的情緒牢牢地抓住，無論男女，無論貴賤，焦慮都會在某一天找上門來，拜訪我們。它已經成為我們生活中始終存在的東西，特別是在如今這樣的快節奏的社會裡更是如此。

如果我們的生活清閒一點，自己的時間多一點，可能這樣的情況就會少一些，但是我們卻沒有辦法改變這樣的事實。除了天真無邪的孩子，我們每個人都在為自己的或者他人的生活而奔波忙碌。或者是為了賺錢，或者是為了更高的地位和更大的權力，或者還有其他的什麼原因吧。

總之，我們從成年那天起就面對著這樣的生活，除非我們自己懂得如何去調節，否則我們只能一直這樣下去，永無止境。

如果我們連最壞的結果都能接受，那麼，只要一切沒有達到最壞的結果，便是額外的收穫。既然如此，我們還有什麼可以焦慮呢？

※

最壞的後果是什麼？當這個後果出現時，我能面對它嗎？我能承擔它帶來的責任嗎？這是我們在焦慮時要問自己的幾個重要的問題，卡瑞爾卻解決了這一重要問題。

卡瑞爾是一個很聰明的工程師，他消除內心煩惱和憂慮的方法獨樹一幟。

「年輕的時候，我在紐約州水牛城的水牛鋼鐵公司做事。我必須到密蘇里州水晶城的匹茲堡玻璃公司——一座花費好幾百萬美元建造的工廠，去安裝一架瓦斯清潔機，目的是清除瓦斯裡的雜質，使瓦斯燃燒時不至於有損引擎。這種清潔瓦斯的方法是新的方法，以前只試過一次——而且當時的情況很不相同。我到密蘇里州水晶城工作的時候，很多事先沒有想到的困難都發生了。經過一番調整之後，機器可以使用了，可是成績並不能好到我們所保證的程度。

「我對自己的失敗非常吃驚，覺得好像是有人在我頭上重重地打了一拳。我的胃和整個肚子都開始扭痛起來。有好一陣子，我憂慮得簡直沒有辦法睡覺。

「最後，我的常識告訴我憂慮並不能夠解決問題，於是我想出一個解決問題的辦法，結果非常有效。我這個排除憂慮的辦法已經使用了 30 多年。這個辦法非常簡單，任何人都可以使用。其中共有三個步驟：

1. 我毫不害怕而誠懇地分析整個情況，然後找出萬一失敗可能發生的最壞的結果。沒有人會把我關起來，或者我的老闆會把整個機器拆掉，使投進去的兩萬美元泡湯。
2. 找出可能發生的最壞的情況之後，我就讓自己在必要的時候能夠接受它。我對自己說，這次失敗，在我的紀錄上會是一個很大的汙點，可能我會因此而丟差事。但即使真是如此，我還是可以另外找到一份差事。我馬上輕鬆下來，感受到這幾天來所沒經歷過的一份平靜。
3. 從這以後，我就平靜地把我的時間和精力，拿來試著改善我在心理上已經接受到的那種最壞情況。我努力找出一些辦法，讓我減少我們目前面臨的 2 萬美元損失。我做了幾次實驗，最後發現，如果我們再多花 5,000 美元，加裝一些設備，問題就可以解決。我們照這個辦法去做之後，公司不但沒有損失兩萬美元，反而賺了 1.5 萬美元。

如果當時我一直擔心下去的話，恐怕永遠不可能做到這一點。因為憂慮的最大壞處，就是會毀了我集中精神的能力。在我們焦慮的時候，我們的思想會到處亂轉，而喪失所有做決定的能力。然而，當我們強迫自己面對最壞的情況，而在精神上接受它之後，我們就能夠衡量所有可能的情形，使我們處在一個可以集中精力解決問題的地位。

我剛才所說的這件事，發生在很多很多年以前，因為這種做法非常好，我就一直使用著。結果呢，我的生活裡幾乎完全不再有煩惱了。」

綜上所述，三大實施步驟是：

- 問你自己「可能發生的最壞情況是什麼」；
- 如果你必須接受的話，就準備接受它；
- 然後很鎮定地想辦法改善最壞的情況。

※

自我表白準備得越充分，越有助於緩解焦慮的情緒。

在現實生活中，你是否感覺焦慮不安呢？下面有 20 條文字，請仔細閱讀每一條，把意思弄明白，然後選擇符合你情況的一項。

說明如下：

主要統計指標為總分，把 20 題得分相加其得分為基礎分，基礎分乘以 1.25，四捨五入取整數，即得到標準分。焦慮評定的分界值是 50 分，分值越高，憂鬱傾向越明顯。

如果你的分值若超過了 50 分，就有可能導致焦慮症狀，那麼對付它的有效的辦法便是準備好一番實實在在的自我表白，以這些話語挑戰並驅除潛入你腦海中的消極、焦慮的思想。

例如，你若害怕當眾說話，卻又必須發言，作為準備的一部分，可以確認並寫下一串實實在在的話語，用作開場白、發言的內容及結束語。它有助於把緊張的境遇分為三個不同的階段 —— 準備階段、發言階段和事後自我表揚階段。一旦這些話準備妥當，你就得反覆背誦它們直到牢記於心。

這樣，當需要它們時，你就能回想起來，總之，在處於可能產生焦慮的狀況下翻看隨身攜帶抄錄好的話語，這樣做很明智。

修改下列內容，使之適合你個人的狀況，為你的自我表白做好充分的準備。

- **準備階段**：在進入誘發焦慮的狀況之前，仔細逐條研討下列思想。
  - 我決定這次把它弄好。
  - 它不會像我想的那麼糟。
  - 擔憂於事無補。

· 我將留意自己的呼吸，保持控制力。

· 我將用積極、理性的思考來對付消極思想。

· 我將實施我的訓練計畫 —— 對此我已經做好了充分的準備。

■ **發言階段**：當你處於焦慮的境地，這些想法很有幫助。

· 我將一步一步地慢慢把它做好。

· 我必須把精力集中在自己要做的事情上。

· 如果我感到緊張，就做些腹式呼吸及肌肉放鬆運動。

· 這些感覺令人不快，但沒有危害或危險。

· 我能夠忍受焦慮的煎熬，我過去曾多次獲得成功。

· 這種感覺總要過去 —— 緊張之後便是鬆弛。

· 接受焦慮是件好事。

■ **事後自我表揚階段**：這些想法可用於你度過了困境，戰勝它之後。

· 好樣的。那真是了不起的挑戰。

· 我成功地度過難關。我做得並不完美，但那是一種進步。

· 我要把實際情況寫下來，這樣下次就不會忘記了。

26

害羞解碼

蛻掉精神上的繭殼　邁開行動上的雙腳

瑪莎從小就特別敏感而靦腆，她的身體一直很胖，而她的一張臉使她看起來比實際還胖得多。因此，她從來不和其他的孩子一起做室外活動，甚至不上體育課。她非常害羞，覺得自己和其他人都「不一樣」，完全不討人喜歡。

長大以後，瑪莎結婚了。她丈夫一家人都很好，對她充滿了信心。但是他們為瑪莎做的每一件事，都只會令她退縮。瑪莎變得緊張不安，躲開了所有的朋友。瑪莎知道自己是一個失敗者，又怕她的丈夫會發現這一點。所以每次他們出現在公共場合的時候，她假裝開心，結果常常做得太過分；事後，瑪莎會為此難過好幾天。

有一天，她經過一個足球場附近，只見一個教練正在揮舞著拳頭，指揮著場上的運動員，並且他不斷地大喊：「不管結果怎樣，你們一定要保持本色。」

「保持本色！」就是這句話，在一剎那間，站在球場附近的瑪莎才發現自己之所以那麼苦惱，就是因為她一直在試著讓自己適合於一個並不適合自己的模式。正是那個教練的一句話，改變了瑪莎的整個生活。

從此，瑪莎試著研究自己的個性，自己的優點，盡自己所能去學色彩和服飾方面的知識，盡量以適合自己的方式去穿衣服。主動地去交朋友，積極參加社團組織。在教育自己的孩子時，她也總是把那句話教給他們：「不管事情怎樣，總要保持本色。」

不久，瑪莎變得不再自卑和害羞了，她完全轉變了自己，成為了一個自信的女人。

事實上，生活中存在很多像瑪莎那樣的人，他們終生過著化裝舞會式的生活，他們戴上各種面具，希望避開他人的責難。他們因為害羞而把真實的自我深鎖在面具之後，把它當作令自己害怕的黑暗祕密。他們臉上所戴的面具，使自己遠離了真實的生活。

有些時候，人們形容大膽潑辣是「厚臉皮」、「沒羞」、「不害臊」。形容羞怯膽小是「靦腆」、「愛紅臉」、「羞答答的」。千人千面，不可苟同。但是人們在譴責「厚臉皮」、「不害臊」的時候，卻忽略了羞怯的苦惱。羞怯往往難於啟齒，難以向人表露。

美國一位心理學教授曾經寫過一本關於「害羞」的書，很是暢銷。一次，有人問他：「到底有多少美國人認為自己害羞？」他回答說：「六年來，我們對數以萬計的對象進行了心理調查。統計結果顯示，40%的美國人都承認自己有害羞的弱點，令人吃驚的是，其中包括前總統卡特和卡特夫人、英國的查爾斯三世、電影明星凱撒琳·丹尼芙、卡蘿爾·伯內特、運動員弗瑞德·林恩……許多名人在公共場所看上去好像並不顯得害羞，然而他們卻抱怨自己心中隱隱約約地遭受著害羞心理的煎熬。」

可見，大多數人都有害羞心理。害羞通常是指人們在某些初次見面的場合或惹人注目的場合，怕引起陌生人譏笑或者輕視的一種心理或表情，從而表現出難為情和扭捏的神態。它是一種難以描繪的情感屏障。羞澀是人人幾乎都會觸及到的精神繭殼，恰如蠶蛹在變成蛾子的時候必然要咬破的繭殼一樣。

在交際中出現的過度羞怯和緊張的情緒，從表面上看，好像是一個人害怕當眾表現，或是缺乏臨場的經驗。實際上並不是所處的環境造成的壓力，而是一種害怕自我形象受到某種威脅和損害的消極心態。

※

一位年輕的女孩，將要參加一次演講比賽。她在賽前做了很好的準備，也在私下裡反覆演練了幾次，覺得一切細節都沒有問題了。在正式比賽的時候，當她登上講臺，看到臺下黑壓壓的人群，前排坐著評分的評委，一種緊張和恐懼襲上了心頭，腦子一下全懵了，說話的聲音變了調兒，呼吸也顯得急促起來。突然，她剛說了幾句就忘詞了，她越發感到恐懼，好像所有人的目光都像利箭一樣射向她。她想盡快躲避，但又不甘心臨陣脫逃。她不能當眾出醜，給本單位丟臉，可她唯一能感覺到的是心跳加快，越來越快，而腦子裡一片空白，早已背熟的稿子都飛得無影無蹤……

美國俄亥俄州立大學的一項統計結果顯示，97%的學生認為做公開演說是世界上兩件最可怕的事情之一（另一件是核武器）。某雜誌的「讀者信箱」也曾收到一封學生的來信。信中寫道：我有一個大缺點，就是特別怕羞，一碰到上黑板做題或和陌生人說話時臉就紅，我該怎麼辦？

可見，害怕當眾說話並不是個別人的問題，大多數人都不同程度地具有這種心理。根據卡內基的調查，在大學裡，80%～ 90%的學生，開始上臺演講時都有一定的恐懼感；而在卡內基成人演講口才訓練班裡，課程開始時懼怕上臺演講的比例幾乎是 100%。

某種程度的登臺恐懼感對人們練習演講反而是有益的，因為人類天生就具有一種應付環境的能力，正常的心理防禦可以使人發揮出自身的潛力。當你注意到自己的脈搏和呼吸加快時，千萬不要過於緊張，而要保持冷靜。因為你的身體一向對外來的刺激保持著警覺，這種警覺表明它已準備採取行動，以應付環境挑戰。假使這種心理上的預備是在某種限度之下進行的，當事者會因此而想得更快，表達得更流暢，會比在普通狀態下說得更為精闢有力。

俗話說：樹要皮，人要臉。所謂「要臉」，就是特別關注自我形象在別人心目中是個什麼樣。每個人都有一種理想的自我形象，總是希望別人都以讚許的目光看待自己。當與陌生人接觸，或是當眾講話，以及參加某種比賽活動的時候，他就會不由自主地意識到：自我形象面臨著某種威脅和危險。於是，總擔心自己說話不當、舉止失措或是什麼地方不如別人。由於害怕當眾出醜，所以才膽怯、靦腆、驚慌和恐懼。

知道了緊張的原因，解決它就簡單了。下面是根據有關專家提供的發表公開演講的 7 條建議：

1. 演練自己的發言。在朋友或鏡子前大聲演練自己的發言，從始至終不要停頓。測量好自己的發言時間。
2. 使用小卡片。寫下演講稿，勾畫出重點部分。用自己的話把這些觀點講出來，而不要照本宣科。
3. 研究你的聽眾。了解關於這個話題他們知道多少以及他們的興趣是什麼。
4. 清晨時進行鍛鍊。這樣可以刺激激素的產生，使緊張的神經平靜下來。
5. 演講前遠離咖啡因。咖啡因會使緊張的反應增強，尤其會引起戰慄。
6. 進行呼吸訓練。把精力集中到一點，把手指放在腹部，從丹田處開始緩慢地呼吸。
7. 演講前做短暫的停頓。在演講臺上，做一兩次深呼吸，爾後慢慢地向聽眾致意。放慢演講速度。如果自己的心跳加速，不要去管它，沒有人會看見。

誠然，發表公開演講的技能很少與生俱來，大多數人都得學習如何去做。雖然我們當中的絕大多數人永遠也不可能成為非常出色的演說家，但是我們能夠學會勝任一切並把緊張情緒轉化為一種積極的力量。

害羞與其說是一種缺點，倒不如說是一種良好的心理特質。但是，交際中的羞怯心理有時確實誤事，有必要加以克服。

德州大學一位教授透過研究提出了先天羞怯與後天羞怯的區別。

先天羞怯在很大程度上是一種受遺傳影響的生理現象。對高中學生的研究發現，同卵雙生子的害羞程度比異卵生子更接近。害羞的成年人中大約有 40%是受遺傳因素影響的。

相反，後天羞怯則是在青少年時期形成的。這種羞怯與個人的成長環境密切相關。後天羞怯更是出於青少年的自我意識增強而社交經驗不足。他們擔心受到別人的非議，感覺好像全世界的人都在注意他；他們為青春期的變化感到窘迫，在社交上缺乏自信心；他們在這一時期如果遭受挫折和打擊，受到戲弄或嘲笑，自卑感就會更加強烈，產生長期的羞怯感。

儘管害羞的成年人要比青少年少得多，但這並不意味著隨著年齡的增長，羞怯感會自動消失，必須採取適當的辦法才能克服。

根據心理學家研究顯示，害羞心理是完全可以克服的，害羞的人完全不必為這一弱點背上沉重的包袱。《世界婦女博覽》刊登了專家們的幾點建議，不妨試試看。

- **做個有心人，記下令你感到不安的事情**：如與異性說話，在公眾場合發言，與領導或權威人物打交道等等。了解令你害羞的事到底有哪些。
- **觀察與模仿**：在生活中尋找和觀察在某方面不害羞的「榜樣」，模仿與學習「榜樣」，嘗試扮演一個不害羞的你。
- **參加社交活動之前，最好做好充分的準備**：我該做什麼、說什麼，怎麼做、怎麼說等等，事先做好充分準備。有機會的話，可做事先演習並熟練化。
- **改變你的身體語言**：最簡單的改變方法就是 SOFTEN —— 柔和身體語言，它往往能收到立竿見影的效果。所謂「SOFTEN」，S 代表微笑；O 代表開放的姿勢，即腿和手臂不要緊抱；F 表示身體稍向前傾；T 表示身體友好地與別人接觸，如握手等；E 表示眼睛和別人正面對視；N 表示點頭，顯示你在傾聽並理解它。

- **主動把你的不安告訴別人**：訴說是一種釋放，能讓當事人心理上舒服一些，如果同時能獲得他人的勸慰和幫助，當事人的信心和勇氣也會隨之大增。
- **循序漸進，一步步改變**：專家告訴我們，克服害羞是一項工程，也是一場我們一定能夠打贏的戰鬥，每一個勝利都是真實可見的，只要我們去做。

羞怯的人往往具有嚴重的自我注意感和自卑感，這種人常常對自己產生自我懷疑。如果他們注意一下其他人，就會發現自己並不是想像的那樣糟。

※

萊娜是在一個保守的家庭中長大的，自小父母就告訴她凡事要謹慎。長大以後的萊娜事事求穩，她甚至拒絕與外界有過多的接觸，她只求有一份安穩的工作，而不願去嘗試更多的機會。

在她 40 歲的時候，萊娜突然意識到時光就這樣悄悄地從她身邊溜走了，而她竟然還不懂得如何享受。然後，幸運選中了她，從而改變了她的生活。

在一次慈善活動中，萊娜參加的抽獎為她贏得了兩張到夏威夷免費旅行的機票。出門旅行是萊娜以前沒有想過的，她正考慮是否要將這兩張機票扔掉。她與遠在田納西州的表哥通電話時，這位表哥叫道：「哦，真好，我願意與妳一起前往。」此時的萊娜仍然在猶豫，她與這位表哥畢竟有好幾年沒有見面了，但她不知哪來的勇氣使她在回覆中說道：「那我們還等什麼呢。」

旅行中所有的事都是那樣精采，在自信的表哥的陪同下，萊娜的信心也在與日俱增。在回程的途中，他們決定明年的春天到墨西哥去旅行。在這次旅行中，萊娜發現她的內心正發生著一種深刻的非同尋常的變化，她第一次發現自己毫不猶豫地就接受了這樣的社交形式。

回來之後，萊娜徹底改變了。萊娜參加了健康俱樂部，她學習跳舞、游泳，她有了一個光輝的前程。萊娜消除了她心中存在已久的懷疑和膽怯，她的態度有了很大的改觀。有了全新的心境，萊娜的第二次旅行就會更加有趣。

很多人這樣說，你擔心得越多，你老得就越快。萊娜的經歷告訴我們，生活其實無須有太多的擔心，只要我們勇敢去做，快樂就會常駐心裡。

27

自閉解碼

打開封閉之門　走出真實的自己

臺灣著名女作家三毛小時候是一個非常勇敢而又活潑的小女孩。

三毛 12 歲那年，以優異的成績考取了臺灣最好的女子中學 —— 省立臺北第一女子中學。在國一時，三毛的課業成績還行，到了國二，數學成績一直滑坡，幾次小考中最高分才得 50 分，三毛有些自卑。

然而一向好強的三毛發現了一個考高分的竅門。她發現每次老師出小考題，都是從課本後面的習題中選出來的。於是三毛每次臨考，都把後面的習題背過。因為三毛記憶力好，所以她能將那些習題背得滾瓜爛熟。這樣，一連 6 次小考，三毛都得了 100 分。老師對此很是懷疑，他決定要單獨測試一下三毛。

一天，老師將三毛叫進辦公室，將一張準備好的數學卷子交給三毛，限她 10 分鐘內完成。由於題目難度很大，三毛得了零分，老師對她很是不滿。

接著，老師在全班同學面前羞辱了三毛。這位數學老師，拿起蘸著飽飽墨汁的毛筆，叫她立正，非常惡毒地說：「妳愛吃鴨蛋，老師給妳兩個大鴨蛋。」老師用毛筆在三毛眼眶四周塗了兩個大圓餅，因為墨汁太多，它們流下來，順著三毛緊緊抿住的嘴唇，滲到她的嘴巴裡。老師又讓三毛轉過身去面對全班同學，全班同學哄笑不止。

然而老師並沒有就此罷手，他又命令三毛到教室外面，在大樓的走廊裡走一圈再回來，三毛不敢違背，只有一步一步艱難地將漫長的走廊走完。

這件事情使三毛出了醜，她也沒有及時調整過來，於是開始翹課，當父母鼓勵她正視現實鼓起勇氣再去學校時，她堅決地說「不」，並且自此開始休學在家。

休學在家的日子裡，三毛仍然無法從這件事的陰影中走出來。就這樣，三毛變得憂鬱而自我封閉。

可以說，少年時的自閉影響了三毛的一生，在她成長的過程中，甚至在她長大成人之後，她的性格始終偏執而情緒化。這樣的性格對於她的作家職業可能沒有太多的負面影響，但卻嚴重影響了她人生的幸福。1991 年 1 月，三毛在臺北自殺身亡，這與她的性格弱點有著重要關聯，正是因為三毛自閉的性格，才導致了她最終命運。

自閉就像是一扇永不開啟的門，將自己與外界隔絕開來。自閉的人很少或根本沒有社交活動，除了必要的工作、學習、購物外，大部分時間都將自己關在家裡，不與他人來往。

其實，自閉的心理現象在各個年齡層次都可能產生。同時，在不同的歷史年代都可能存在這一現象。有封閉心態的人不願與人溝通，很少與人講話，不是無話可說，而是害怕或討厭與人交談。

自我封閉心理實質上是一種心理防禦機制。由於個人在生活及成長過程中常常可能遇到一些挫折，挫折引起個人的焦慮。有些人抗挫折的能力比較差，使得焦慮越積越多，他只能以自我封閉的方式來迴避環境，降低挫折感。

孤獨的問題不是一個人獨處的問題，而是感到孤單寂寞的問題。它是一種心理上的自我封閉，它是一種跟他人失去關聯的可怕的感覺。

※

幾年前，有個剛從學校拿到證書的畢業生，隻身來到大都市，準備大展鴻圖，為這城市帶來一點光彩。這位青年長得英俊瀟灑，受過良好的教育，也頗有閱歷，自己很為自身的條件感到驕傲。

安頓妥當之後的第一天，他在白天參加了一個銷售會議，到了夜晚，他忽然感到孤單起來。他不喜歡獨自一人吃飯，不想一個人去看電影，也不認為應該去打擾一些在城市裡的已婚朋友。或許，我們還可以再多添一

個理由 —— 他也不想讓女人纏上自己。

當然，他是希望能碰到一個好女孩的，但那絕不是從酒吧或什麼單身俱樂部一類的場所去隨便挑一個來。結果，他只好在那個準備大展鴻圖的城市裡，獨自度過了寂寞淒涼的夜晚。

我能了解大都市的生活，有時是比小鎮更會讓人有孤寂感；我也了解，要在大都市裡生活，有時更得花點心神去結交朋友，並讓這些朋友接納你、需要你。在去一個大都市之前，要先想好以後的日子 —— 尤其是下班後的時間 —— 要如何打發。你當然需要有些興趣相同的人在一起，但你得先伸出友誼之手。

初到一個陌生的城市，其實有很多事情可做 —— 你可以上教堂或參加俱樂部，這樣可以增加認識人的機會。你也可以選修成人教育課程，不但可以自我求進步，更可以得到同伴和友誼。但是，假如你只是默默一人在餐館裡吃飯，或在酒吧獨自喝悶酒，那就無怪乎得不到什麼情誼了。

生活在今日的文明社會中，每一個人都得收斂自己的生活，而孤獨的人卻往往收斂過度，簡直沒有活動的餘地。當孤獨的人把自己完全封閉起來後，他們就根本沒有了與他人進行融洽交流的途徑。孤獨的人心中會有著這種希望：「我真希望能成為一個受人歡迎，為人所樂於親近的人。」只是因為他們自己生性孤僻，缺乏吸引朋友的磁力，所以沒有多少人願意和這樣的人交友往來，使這些人失掉了生活上的很多樂趣，這樣，他們的願望也最終無從實現。

有兩個女孩，她們在臺北共同租了一間公寓同住。兩個女孩都長得十分迷人，也都有一份待遇不錯的工作，都希望自己有朝一日能出人頭地。

其中一位女孩，以她的年紀來說，是相當具有智慧的。她認為居住在大都市的女孩，尤其是單身女孩，一定要仔細安排自己的生活，並計劃自己的未來。她積極參加各種活動。她還加入了一個研討會，甚至選修了一門改進個性的課程。她把自己的薪水盡量用來與人交往，並開創出多采多姿的生活內容。如今，她已有許多好朋友，他們也時常去探訪她。她與一位聰明的年輕律師結了婚，婚後生活十分愉快。她得到了幸福快樂的人生。

至於另外的那個女孩嘛，她當初也很孤單寂寞，但卻沒有細心安排自己的生活。她到一些娛樂場所或酒吧尋找朋友，最後不但沒有交到知心朋友，而且感到更加的空虛與寂寞。

我們若想克服孤寂，就必須遠離自閉的陰影，勇敢走入充滿光亮的人群裡。我們要去認識人，去結交新的朋友。無論到什麼地方，都要興高采烈，把自己的歡樂盡量與別人分享。

戰勝孤獨的祕訣何在呢？

- **戰勝自卑**：因為自覺跟別人不一樣，所以就不敢跟別人接觸，這是自卑心理造成的一種孤獨狀態。這就跟作繭自縛一樣，要衝出這層包圍著你的黑暗，你必須首先咬破自卑心理組成的繭。其實，大可不必為了自己跟別人不一樣而憂思重重，人人都是既一樣又不一樣的。只要你自信一點，鑽出自織的「繭」，你就會發現跟別人交往並不是一件難事。
- **與外界交流**：獨自生活並不意味著與世隔絕。一個長年在山上工作的氣象員說，他常常感到有必要把自己的思想告訴人家，可是他的身邊卻沒有人可以傾訴，所以他就用寫信來滿足自己的這一要求。當你感覺到孤獨的時候，翻一翻你的通訊錄，也許你可以寫封信給某位久未謀面的朋友；或者，打通電話給某個朋友，約他去看一場週末上映的電影；或者是，請幾位朋友來吃一頓飯，你親自下廚，炒上幾個香噴噴的菜，這都別有一番情趣。

合群的人不會使人孤獨。合群作為一種性格特徵，具有能夠接受別人，同時也能被人接受的社會適應性特點。

合群的人樂於與人交往，他們不封閉自己，願意向別人敞開自己的心理世界；同時，合群的人往往是善解人意的、熱情友好的，他們在與人相處時，正面的態度（如尊敬、信任、喜悅等）多於反面的態度（如仇恨、嫉妒、懷疑等）。因此，他們能建立和諧的人際關係，有較多知心的朋友。

※

剛到職的人，都希望能夠在公司裡培養良好的人際關係，和大家打成一片，尤其是剛畢業的學生，好像不和大家融為一體就沒有認同感，無法順利開展工作。

這種想法不能說沒有道理，但絕對要具體情況具體分析，萬不可一概而論。

我表弟畢業於警專，畢業後分配到一個小鎮做道路交通管理工作。他工作壓力不大，閒暇時間也不少，每天的工作是上街值兩個小時班後休息一段時間，然後再回去工作。他周圍的同事們每天值勤回來後就是閒聊神侃，晚上下班後也經常是去吃飯喝酒以及娛樂。表弟對這種日子很不滿意，他喜歡讀書，思考一些問題，並想考研究生接著深造。但他的同事們都那樣，要是他成天捧著書本不和他們閒聊，顯得他清高，怕人家會說他不合群，他為此很苦惱。

不合群的現象一般有兩種：一種是因為性格孤僻、封閉自我，或是人品道德上低劣而讓大家疏遠；另一種則是因為某個人的優秀出眾，或者是追求的目標高於眾人之上，不迎合眾人的口味或疏於處理人際關係等，從而不被大家理解或受人妒忌。

從他所講的來看，他的這些同事可能文化素養不高，又安於現狀，不求上進，他們也許能夠勝任做好目前的本職工作，但不可能再有什麼發展與進步。他的這種顧慮完全沒有必要，因為如果只有同他們一塊虛度光陰才算合群的話，那他必須以犧牲自己的愛好、前途、追求為代價而去合群，按他們的標準去要求自己。在工作和生活中，這種「就低不就高」的合群，實際上是媚俗，是完全錯誤的一種想法。

我們應努力處理好周圍的人際關係，但這是為了發展自己的事業，而絕不可能是犧牲自己的追求和理想而去隨波逐流。只要你優秀出眾，肯定會被認為是不合群，但當你取得成就時，眾人也一定會說：我早知道他肯定會有出息，當年人家就和我們不一樣……

但是，生活中有些人過於潔身自好，自命清高，不好交往；有些人過於自卑，缺乏積極從事交往和活動的勇氣，總以為別人瞧不起自己，因而孤僻內向，離群索居。

心理學家指出，這種不合群的性格，不僅有礙於和諧的人際關係的建立，因而不適應現代社會生活的需要，而且還會使人心理上缺乏安全感和歸屬感，形成退縮感和孤獨感，從而也有礙於人的身心健康。

那麼，究竟怎樣才能改變不合群的性格呢？

- **學會關心別人**：如果你期望被人關心和喜愛，你首先得關心別人和喜愛別人。關心別人，幫助別人克服了困難，不僅可以贏得別人的尊重和喜愛，而且，由於你的關心引起了別人的積極反應，也會給你帶來滿足感，並增強了你與人交往的自信心。
- **學會正確評價自己**：古語說「人貴有自知之明」。在人際交往中，你對自己的認知越正確，你的行為就越自然，表現也越得體，結果也就越能獲得別人肯定的評價，這種評價對於幫助你克服自卑和自傲兩種不利於合群的心理障礙是十分有利的。

- = **保持人格的完整性**：莊子說：「水至清則無魚，人至察則無徒。」與人相處時，當然不應苛求別人，而應當採取隨和的態度，但那是有限度的。因為隨和不是放棄原則，遷就亦非予取予求。如果那樣，根本就不會得到別人的信任和尊敬，自然無從使自己合群了。

  保持人格完整的最好辦法，是在平素的接人待物中，把自己的處事原則和態度明白地表現出來，讓別人知道你是怎樣一個人。這樣，別人就會知道你的作風，而不會勉為其難地要你做你不願做的事，而你也不會因經常需要拒絕別人的要求而影響彼此間的人際關係了。

- **學會和別人交換意見**：合群性格的形成有賴於良好的人際關係，而良好的人際關係起始於相互的了解，人與人之間的相互了解又要靠彼此在思想上和態度上的溝通。因此，經常找機會與別人談談話、聊聊天，討論某些問題，交換一些意見是十分必要的。

友情是在相互的施與愛之中生長的。孟子說得好：「愛人者恆愛之。」你如果能主動伸出善意的手，馬上就會被無數友情的手握住的。

適時表露自己的情感，能夠使自己走出自閉的心理，變得更為坦率，並能消除緊張情緒。

有些人天生具備輕鬆而自然地與他人交流意見和情感的能力。然而，一旦你發現很難表露自己，緊張與壓力便會滋生。

關心並表露你的情感的好處是情感會給予你生活的目的和方向。你若能學會同他人交流情感，就會有更強的自我意識，會覺得更具活力。同時，你會發現緊張程度也在下降，使你感到更為輕鬆，更加健康。

在表露情感時有以下幾點需要注意：

- **情感與需求有著密切的連繫**：人們有三大需求領域，其一是給予獲得愛；其二是做出選擇，擁有控制支配權；其三，是理解他人並進行交流。這些需求既產生了積極情感又產生消極情感。愛總是與喜悅、熱情和慈愛等情感相伴，缺乏愛就會導致悲傷和孤獨。你若能做出抉擇，掌握事態，你就會感到堅強和有信心，而失去控制力會使你覺得遭受了挫折，無依無靠。
- **家庭具有極大的影響力**：身為一個小孩，你可以直率地、本能地、毫不羞澀地表白你的情感。長大成人之後，你學會了控制和隱藏某些感情。從傳統意義上說，男孩往往被鼓勵表白諸如憤怒和好戰等情緒，而女孩更多的是表露愛與恐懼的情感。想想在你家裡是如何對待情感的，你是否被積極地鼓勵表白自己的感受？有無被鼓勵去表白特殊的情感？
- **情感導致身體的變化**：儘管情感基本上是內心感覺的變化過程，它們卻能帶來內在的生理變化。例如，當你正在戀愛時，你可能會感到充滿了活力，感到激動不已，會不知飢餓，內心充滿喜悅；反之，失戀便會感到心情沉重、無精打采。同樣，恐懼或慌亂的情感往往伴隨著渾身發抖、肌肉緊張、大汗淋漓、心跳加快等症狀。
- **情感的深淺及強烈程度各不相同**：情感的反應程度取決於引起這一情感的事件對你的重要性。好友的死亡可能使你感到悲痛欲絕，但塞車只會使你稍感憤怒。而有時一件微不足道的小事也將啟動你的情感經歷和回憶。
- **表達情感的三步曲**：
    - 第一步：你注意到或使自己明白正在發生的一切。例如，你可能嘆氣，或意識到自己感到悲哀。

- 第二步：是在口頭上表白自己，比如說「我感到受到了傷害」，或者說「我對你很有好感」。
- 第三步：是用行動來釋放情感。如大喊大叫、高興得跳起來、痛哭、渾身發抖、跺腳或摔門。

■ **和他人談論自己的情感**：如果你被一種情緒支配，同他人談論這種情緒，交談的過程會使這種情緒增強，並致使你更有可能在這種情緒的支配下毫無理性地去做一些事情。事實上，恰恰相反，交流使你可以更理性地看待它，並最終較為輕鬆地理解它。透過說「我感到焦慮」來承認一種情緒有助於你變得輕鬆。

28

恐懼解碼

點燃熱情之火　才能溶化心中之冰

一個平凡的上班族邁克，37 歲那年做了一個瘋狂的決定：他放棄薪水優厚的記者工作，把身上僅有的 3 美元捐給街角的流浪漢，只帶了乾淨的衣物，決定由陽光明媚的加州，靠搭便車與陌生人的好心，橫越美國。他的目的地是美國東岸北卡羅萊納州的恐怖角。

這是他精神快崩潰時做的一個倉促決定，某個午後他「忽然」哭了，因為他問了自己一個問題：如果有人通知我今天死期到了，我會後悔嗎？答案竟是那麼的肯定。雖然他有好工作、美麗的女友，他發現自己這輩子從來沒有下過什麼賭注，平順的人生從沒有高峰或谷底。他為了自己懦弱的上半生而哭泣。

一念之間，他選擇北卡羅萊納的恐怖角作為最終目的，藉以象徵他征服生命中所有恐懼的決心。

他檢討自己，很誠實地為他的「恐懼」開出一張清單；從小時候他就怕保姆、怕郵差、怕鳥、怕貓、怕城市、怕荒野、怕熱鬧又怕孤獨、怕失敗又怕成功、怕精神崩潰……他無所不怕，卻似乎「英勇」地當了記者。

這個懦弱的 37 歲男人上路前竟還接到奶奶的紙條：「你一定會在路上被人殺掉。」但他成功了，4,000 多里路，78 頓餐飯，仰賴 82 個陌生人的好心。

沒有接受過任何金錢的饋贈，在雷雨交加中睡在潮溼的睡袋裡，也有幾個像公路分屍案殺手或搶匪的傢伙使他心驚膽戰、在遊民之家靠打工換取住宿、住過幾個破碎家庭、碰到不少患有精神疾病的好心人，他終於來到恐怖角。

但恐怖角並不恐怖，原來「恐怖角」這個名稱，是由一位 16 世紀的探險家取的，本來叫「Cape Faire」，被訛寫為「Cape Fear」，只是一個失誤。

邁克終於明白:「這名字的不當，就像我自己的恐懼一樣。我現在明白自己一直害怕做錯事，我最大的恥辱不是恐懼死亡，而是恐懼生命。」

花了 6 個星期的時間，到了一個和自己想像無關的地方，他得到了什麼？得到的不是目的，而是過程。雖然苦、雖然絕不會想要再來一次，但在回憶中是甜美的信心之旅，恍如人生。

也許我們會發現，努力了半天到達的目的地，只是一個「失誤」。但只要那是我們自己願意走的路，就不算白走。

一個心中滿是恐懼的人不僅殘害了自己行動明智的機會，也將這些破壞性的悸動傳送給所有和他接觸的人，並毀掉他們的機會。

美國一位心理學家說:「所有最大的病態心理，影響人類身體最凶惡者，是懼怕的情態。懼怕有許多等級或階段，自極端吃驚、恐怖或震駭情態起，下至感覺接近不幸的輕微惶恐。但是沿這條線的都是同樣的東西 —— 在生活中心的一種破壞印象，經過神經系統的作用，會在身體每一個細胞組織，發生廣泛的各種病狀。」

恐懼症是壓力最為可怕的徵兆之一，成人中每 10 人大約就有 1 人有過這樣的經歷。如果你從未有過恐懼症的體驗，就很難理解過來人是如何度過的。

想像一下，如果你正搭乘一輛火車去看望你的朋友，這時你看到一個戴著面具的男人提著機關槍衝進你的車廂。很自然，你感到萬分恐懼 —— 你的心跳開始加快，出汗、戰慄，你在想盡一切辦法思量如何逃出去。

現在，想像一下你自己在同一個車廂裡經歷同樣恐怖的感覺。那裡一無所有 —— 只有其他的旅客在低聲談話和看報紙。由於你正在絕望地盡一切可能幻想將會發生什麼，你的思維開始擴散開來。你可能在想:「我要瘋了……我的心臟有問題……我要失去控制……我要死了。」

每個人都曾經歷過這種恐懼的徵兆，就像身體中所謂的「抵抗或逃跑」之反應。想像一下與一次交通事故擦肩而過的那種生理感覺。你的身體立即進入一種高度緊張的狀態，準備應付危險。這種迅速的生理反應可以追溯到幾千年前我們的史前祖先。為了生存，他們要麼進行戰鬥，要麼就避開野生動物的攻擊。

面臨危險時，人體內釋放出腎上腺素，使心跳加快從而增加了肌肉中的血液供給。同時，呼吸加快，吸入氧氣增加，並且透過出汗降低體表的溫度。這種相同的反射作用源於心理恐懼症。不同之處是雖然恐懼症擁有完全相同的生理作用，但是現在其存在於沒有明顯危險的狀況之中。

我們必須經常提醒自己，心理恐懼症已經紮根於這種救命式的反應中，有可能在超級市場，也可能在工作會議中出現。恐懼症不會對你造成傷害。你不會感到虛弱，也不會出現精神失常，不會造成心臟病。

恐懼純粹是一種心理想像，是一個幻想中的怪物，一旦我們意識到這一點，我們的恐懼感就會消失。

恐懼是能力上的一個大漏洞。恐懼使創新精神陷於麻木，恐懼毀滅自信，導致優柔寡斷。恐懼使我們動搖，不敢開始做任何事情，恐懼還使我們懷疑和猶豫。生活中有許多人把他們一半以上的寶貴精力浪費在毫無益處的恐懼和焦慮上面了。

恐懼是人性的弱點，我們需要搞清楚的是：人為什麼恐懼？我們究竟恐懼什麼？

恐懼症似乎是來自於「憂鬱、煩悶」，但是通常你都會發現主要的根源是超負荷的壓力、焦慮以及你的有意識與無意識思維之間折射出來的生活事件。這種內部壓力的形成，加上你覺得自己可能陷入了陷阱或者是受到了威脅這樣的一種狀況，這些經常導致令人不愉快的生理感覺的出現。你第一個自然反應就是曲解這些徵兆，認為出現非常嚴重的錯誤，或者是在你身上將要發生什麼事情，諸如心臟病、行將死亡或者是精神失常。第二個自然反應就是想逃避或逃跑。

那麼，什麼時候產生恐懼症？

感覺很累或者是筋疲力盡時，你最有可能感到恐懼，其結果是導致你應付日常生活中的各種壓力的能力下降。如果你發現壓力正要影響你的呼吸及循環系統，那麼比起那些由壓力引起肌肉或消化系統問題的人來說，你更有可能遭受恐懼症的襲擊。許多人發現他們對待恐懼症的方式都是來自遺傳。

不斷逃避是恐懼如影隨形的原因。

產生恐懼最簡單的根源是不斷地逃避。驚慌是對某事物或場合的一種恐懼感，而這種事物或場合正是引起恐慌的根源。據估計，9 個人當中就有 1 人承認生活中存在輕度的恐懼感。然而，由於巨大的個人壓力，即使是中等程度的驚慌也可能轉變成真正的、令人痛苦的恐懼感，而這一切將導致出現緊張和驚慌。驚慌可以分為以下三種情況：

- **單純的驚慌**：這些可能是害怕諸如鳥、蜘蛛、貓、蛇、老鼠或者是狗之類的動物；也可能對自然界中諸如高海拔、黑暗、打雷、閃電、水、風或者是死亡的恐懼；也有可能是對諸如嘔吐、流血、生病或受傷的恐懼。
- **社會性的驚慌**：飽受社會驚慌折磨的人群對會見陌生人、參加社交活動、與他人用餐、發表公開演講或者是對批評表現出非同尋常的恐懼。
- **廣場恐怖**：這是一張與擔心陷入困境感覺相關的、由恐懼和逃避組成的網。要想逃到一個安全的地方絕非易事。遭受廣場恐懼症折磨的人通常都對擁擠的商店、電梯、飛機、捷運、公路、電影院，或者是很長的回家路途感到害怕。

驚慌反應的根源通常是過去的創傷經歷或者是孩提時期對無法阻止時間消逝的恐懼。然而，導致產生恐懼感或驚慌最簡單的、主要的因素是逃避。

如果你開始逃避使你感到焦慮的某種特定的處境，那麼你的焦慮情緒將會很快消失，但這只在短期內奏效。你的意識或者是潛意識裡透露出這樣的一種資訊，即「我能對付這種處境的唯一方法是逃避」。於是，下一次你面臨同樣的處境時，想逃避的欲望更加強烈，因為你認為自己的焦慮程度將會加劇，變得更為嚴重。你所沒有意識到的是，如果留在原有的處境中，一段時間之後，你的焦慮很自然地就開始減輕。如果你很快就離開這種處境，或者是乾脆逃避，那麼你就永遠不可能發現其中的原理。

如果問題沒有得到解決，對一些特殊處境繼續進行逃避可能會開始影響你的日常生活。控制它的一種方法就是有意識地面對你的恐懼。

有一個文藝作家對創作抱著極大野心，期望自己成為大文豪。美夢未成真前，他說：「因為心存恐懼，我的煩惱是眼看一天過了，一星期、一年也過了，仍然不敢輕易下筆。」就像初學游泳的人，站在高高的水池邊要往下跳時，都會心生恐懼，但如果壯大膽子，勇敢地跳下去，恐懼感就會慢慢消失，反覆練習後，恐懼心理就不再存在了。

如果一個人面對恐懼的事情時總是這樣想：「等到沒有恐懼心理時再來做吧，我得先把害怕退縮的心態趕走才可以。」這樣做的結果往往是把精神全浪費在消除恐懼感上了。這樣做的人一定會失敗。我們知道，人類心生恐懼是自然現象，且人們只有親身行動才能將恐懼之心消除。不實際體驗付諸行動，只是坐待恐懼之心離你遠去，自然是徒勞無功的事。

恐懼可能是朋友，可能是敵人，關鍵要看你能否戰勝它。當你能做到那樣的時候，恐懼就是朋友。否則恐懼可能是敵人。

※

在第二次世界大戰的時候，美國政府開始實施一套人壽保險計畫，約定在戰爭中陣亡的每位美軍的保險受益人，可支領 1 萬美元的保險金。

雖然這個保險是絕佳的構想，但是政府仍然必須為這個政策做一些宣導工作。一個年輕的中尉向軍隊裡解釋人壽保險計畫，講明所有的複雜細節並且鼓勵他們簽約。結果沒有一個人有這個意願。

最後，在那裡服務很久的一位老士官長，對這位年輕的中尉說：「長官，請讓我對那些軍人說話。我相信他們會聽的。」年輕的中尉反對，說他已經解釋得很詳盡了，那些人只是單純不感興趣。然而，這個老士官長很堅持自己的想法，並且最後說服了年輕的中尉讓他試一下。

士官長的推銷辭非常清楚。「各位先生，」他說，「如果你簽了這份保險，而且你被殺了，政府將會送給你的家人 1 萬美元。如果你沒有這份契約，而且你被殺了，政府將不會送給你家人任何東西。現在，我要問你的問題非常簡單：哪一種情況下的你會首先被政府考慮送上前線？是那個被殺了也不花政府一毛錢的人？還是那個被殺了就會花掉政府 1 萬美元的人？你們自己想一想。」

我們從故事中知道：因恐懼而生的動機的確有用。

然而，在大部分的情形下，恐懼造成的動機是短暫的，因為你會戰勝恐懼。由於表現不好而害怕失去工作時，至少暫時地，你會表現得較好些。告訴一個 5 歲的孩子，如果他行為無禮，你就會否決他看電視的權利，對修正他的行為是有用的 —— 至少暫時有用。

理論上來說，你應該將你的行為建立於愛之上而不是恐懼之上，那是對的，但是實際上他並不總是能夠這樣。合理的恐懼是存在的。對無知的恐懼引發你尋求教導，而對貧窮的恐懼促使你去工作。對疾病的恐懼，激勵你實行健康與衛生的生活。對於失去你的工作的恐懼，使你準時出席，並且盡你所能地做到最好。對於功課的恐懼，會使學生花更多的時間讀書。對於失去家庭的恐懼，會使你忠實地對待他們，為他們認真工作，而且在日常基礎上表達對他們的愛。

由此可見，問題不在於逃離恐懼，而在於我們如何恰當地運用它。那麼，我們如何應付出現的恐懼呢？

- 保持理性。請記住，恐懼感是正常的生理反應，而這經常被誇大，它們對你是無害的 —— 不會有更糟糕的事情發生。
- 維持原狀。觀察你體內正在發生的一切。放慢自己的速度，保持「冷靜」 —— 但是要繼續朝前看。放鬆肌肉，雙肩下垂，深呼吸。
- 接受恐懼感。恐懼感很快就會消失。
- 只考慮眼前的情況。不要去想可能會發生的一切。
- 不逃避現實。如果你逃跑或逃避，下一次的困難可能會更大。
- 評估你的焦慮程度。把焦慮分成從 10（高）到 1（低）的不同等級。觀察你自己焦慮程度下降的狀況。
- 認真反思。當恐懼感逐漸消失時，回過頭來再想一想在恐懼感消失之前自己都做了些什麼。

誠然，人的情緒是一種社會產物。引起恐懼的對象不同，具體情況也不同，應付恐懼的方法也必然因人而異。因此，不可能找到一種通用的方法來應付恐懼。但是，既然恐懼是客觀刺激的反應，就能透過對客觀認知的重新調整和訓練使它發生變化。

29

叛逆解碼

排除敵對心理　試著敞開心扉

學校的大門又被踢破了。

大廳門被踢破的那一天，主任找到校長說：「乾脆換成鐵大門好了，他們的腳不是很厲害嗎？那就讓他們去踢鋼鐵吧！看誰硬過誰。」

可憐的門，自從被裝上那天起，幾乎每天都被人踢。十五六歲的少年們，正是撒歡的年齡。用腳關門，早成了不足為奇的大眾行為。學校的主任為此大傷腦筋，他曾在門上張貼過五花八門的警示語。可是，不僅不管用，這些傢伙反而更「猖狂」了。

校長對主任笑了笑，說，放心吧，我已經訂做了堅固的門。舊門很快被拆了下來，新門被裝上去 —— 是一扇玻璃門。

主任又找到了校長，說鐵門都不一定有用，您還換上一扇玻璃門。校長笑了笑，什麼也沒說。

新裝的門似乎很有「人緣」，裝上以後居然沒有挨過一次踢。孩子們走到門口，總是不由自主地放慢腳步，陽光隨著門扉旋轉，燦燦地灑在孩子們的身上。穿越的時刻，孩子們的心感到了愛與被愛的欣慰。

這道門怎麼能不堅固？它表現出一份足夠的信任，它把一個易碎的夢大膽交到這群叛逆的孩子們手中，讓他們在信任中得到了足夠的尊重與成長。

在很多時候，學生的「叛逆心理」是一種消極的抵抗心理，這種心理一旦產生，就會形成一種固定的思維模式，對教師的教育乃至所有的言行都持否定的態度，使教育達不到預期的效果，而且久而久之還可能導致矛盾惡化。因此，教師一旦發現學生對自己形成了「叛逆心理」，應及時採取措施，用愛心進行疏導，才能使學生的心理得以更大的安慰。

那麼，究竟什麼是叛逆心理？它是指，人們彼此之間為了維護自尊，而對對方的要求採取相反的態度和言行的一種心理狀態。青少年中常會發現個別人就是「不受教」、「不聽話」，常與教育者「唱反調」。這種與常理背道而馳，以反常的心理狀態來顯示自己的「高明」、「非凡」的行為，往往來自於「叛逆心理」。

叛逆心理的本質又是什麼呢？目前爭議很大，可謂仁者見仁，智者見智。整體而言，叛逆心理是指客體與主體需要不相符合時產生的具有強烈牴觸情緒的社會態度。

提到叛逆心理，每個人都可以舉出不少例子。比如：對於先進人物的宣傳，人們的反應不僅冷淡，而且反感，甚至貶低宣傳及宣傳者；當見到商品廣告出現「物美價廉」字眼時，很多人的第一反應是「便宜沒好貨」；還有人說：「我一見到他就反感，一聽到他講話就不舒服」……凡此種種，都是叛逆心理的表現。

叛逆心理在本質上與創造性的個人素養有著根本的區別，它往往是孤陋寡聞、妄自尊大、偏激和頭腦簡單的產物。

一般地說在以下三種情況下，容易誘發人產生叛逆心理：

- **對某一事物的強烈好奇心**：當某事物被禁止時，最容易引起人們的好奇心。尤其是在只做出禁止而又不加任何解釋的情況下，濃厚的神祕色彩極易引起人們的猜疑、揣度、推測，以至不顧禁令地尋根究底或初作嘗試。
- **企圖標新立異的願望**：青少年處於性格形成和尋找自我的時期，透過否定權威和標新立異可以在心理上求得自我肯定的滿足感。因此他往往表現得偏執，好表現自己，有意採取與其他人不同的態度和行為，以引起別人的注意。
- **特異的生活經歷**：例如，有的人多次失戀，便認為人世間沒有真正的愛情；有的人一向循規蹈矩、與世無爭，而偶然有一次受到了莫名其妙的冤枉，以至於性情大異，變得粗暴、多疑、怪僻。這種在特定條件下，其言行與當事人的主觀願望相反，產生了與常態性質相反的逆向反應，是叛逆心理的典型表現。一旦這種心態構成了心理定勢，就會對人的性格產生極大的影響，經常性地左右他的一舉一動，成為他言行舉止的一個基本特徵。

這裡提醒大家，叛逆心理在一定程度上是一個人在青春期思維活躍、自立自主意識增強的表現，但它畢竟是一種不健康的反常心理。

新學期開學了，可家住臺北車站附近的陳女士還在忙著找兒子，原來她 16 歲的兒子已離家出走 3 天了。陳女士為此非常痛苦，她就是想不明白：原本乖巧可愛的孩子，滿 16 歲以後似乎變了個人，父母的話一句也聽不進去，有什麼事寧可憋著也不跟父母說，還總愛和父母唱反調。最近陳女士發現，他和社會上一些不良少年有接觸，有時通宵不歸。陳女士夫婦既勸又罵又打，可孩子反而摔門離去。

據專家解釋，像陳女士兒子這樣的情況，並不是個別的。15、16 歲的孩子正處在「叛逆期」這一特殊時期，由此帶來種種問題，家長和社會應保持足夠的警惕和重視。

如果一個人說話辦事常常由叛逆心理支配著，時間久了就會導致病態，對什麼事都不感興趣，對什麼事都看不慣，最終將會喪失對事業的熱愛和對理想的追求，這樣會嚴重地影響一個人的成長發展。

叛逆心理是青少年自我意識發展過程中的一種產物，它是青少年的一種反抗形式，是青少年試圖確立自我形象、強調個人意志的一種手段。

叛逆心理在現如今的青少年中表現非常強烈，這也是今日青少年自我意識強化的結果。而自我意識的強化則在很大程度上是當今社會文化影響的結果。

在一個新舊文化交替、新舊體制變革、多元價值並存的社會環境中，青少年面臨著矛盾，面臨著選擇，他們急需在這樣一個變化的環境中，確定自我形象，選擇價值體系，以消除那種急劇變化而帶來的不安全感、不確定感、無所適從感。而在這過程中往往可能導致叛逆心理。

但是，叛逆心理就其本身而言還有它的兩重性：

一方面，它代表青少年的批判精神、獨立意識、不願人云亦云，對於傳統的、大眾的流行的、權威的東西的不迷信的態度、反叛的精神。青少年最不保守，最有創新精神和開拓精神。然而，由於他們的經驗、閱歷的不足，因而他們的這種反叛精神有時會顯得成熟不夠。

另一方面，因為不少青少年還不善於確切掌握反抗，表現在內容上可能會一概排斥正確與錯誤、精華與糟粕；表現在手段上往往是粗劣的對抗、簡單的排斥，情緒成分大；表現在目的上，有時只是為了反抗而反抗。正是由於叛逆心理的這一方面，從而會給青少年的健康成長帶來消極的影響。

從叛逆心理的兩重性來看，一概排斥叛逆心理，把它說成是不好的，往往既無助於問題的解決，而且會帶來更大的叛逆心理。簡單地把叛逆心理的責任統統推給青少年，而不注意客觀地分析叛逆心理的背景因素，也不是科學的、實事求是的態度。

如果我們站在青少年的角度來理解青少年的叛逆心理，那麼就會有助於引導青少年的叛逆心理向著有利於青少年成長、有利於社會進步的方向發展。

我們可以透過以下三條途徑來克服叛逆心理：

- **提高文化素養、廣聞博見是克服叛逆心理的根本道理**：一個對生活有著廣博知識的人，憑直覺就能意識到叛逆心理的荒謬之處，從而採用一種更合理、更寬容的思維方式。而廣聞博見能使我們避免固執和偏激。

- **培養自己的想像力**：叛逆心理之所以大行其道，往往是利用了人們缺乏對多管道解決問題的想像力。因此，對總是懷有叛逆心理的人來說，努力培養起自己的想像力是十分必要的，它有助於我們開闊思路，從偏執的習慣中超脫出來。
- **要重視複雜的社會因素對青少年心理的影響**：青少年的心理活動，會受到社會經濟、文化、道德、法律等意識形態發展，善惡、美醜、是非、榮辱等觀念更新等方面的影響。所以，要克服叛逆心理，不能把青少年僅局限在學校這個小天地裡，而要讓他們置身社會，把對他們的思想情操等各方面的培養同社會政治生活、經濟文化活動以及社會道德風尚連繫起來，以提高他們心理上的適應能力，使他們更好地適應現代社會。

孩子的叛逆心理始終被認為有礙兒童身心健康。其實，叛逆心理並非一無是處，它雖有妨礙孩子身心發展的一面，但也有很多正效應。

叛逆心理的正效應主要表現在以下幾點：

- **產生叛逆心理是幼稚教育弊端的曝光**：當前，幼稚教育在方式、方法上存在許多問題。比如，許多年輕的父母不了解兒童年齡特點和身心發展水準，對他們提出的要求過高，讓兒童承受的學習任務過重；也有些父母脾氣暴躁，動輒打罵、罰跪、罰站甚至逐之門外；還有一些父母卻相反，視自己的孩子可以獨自很好完成的任務，父母卻要嘮叨半天，甚至包辦代替等等。孩子產生叛逆心理，可以說正是這些教育弊端造成的。教養方式和手段違背孩子的天性，自然會引起孩子的牴觸、對抗和叛逆心理。

- **叛逆心理包含許多積極的心理特質**：兒童產生叛逆心理，是其天性的自然流露。它從另一方面反映了幼兒自我意識強，好勝心強，勇敢，有闖勁，能求異，能創新。現代社會充滿競爭，迫切需要具有創造性思維、能開拓、能進取的人才。因此，父母要善於發現叛逆心理中的創造性特質和開拓意識，並合理引導。只要引導得當，叛逆心理是能夠在現代社會發揮積極作用的。
- **叛逆心理在某種程度上能防止一些不良的心理特質形成**：叛逆心理強的孩子，在不順心的情況下，在憤懣、壓抑、不滿的時候，勇於發洩，他們不會讓不愉快的事情長期滯留心中，他們不會讓有礙自己身心健康的負情緒長期得不到釋放，他們不會有畏縮心理、壓抑心理，他們也不會懦弱、保守、逆來順受。他們以這種形式保持心理平衡，有時也能起到維持身心健康的作用。

因此，父母應善於發現叛逆心理中的積極因素，並善加利用，而不應在孩子有叛逆心理的時候，一味抱怨、惱火，甚至對孩子實行高壓政策。

※

在公司裡，有才氣的員工往往認為自己比主管聰明，所以當他的上司管他時，他內心有一種叛逆情緒。管理這樣的員工，管理者切不可帶著偏見和情緒，這樣會起到適得其反的效果。

某公司裡，一位業績一直非常出眾的員工，認為一項具體的工作流程是應該改進的，她也和主管包括部門經理提出過，但沒有受到重視，領導反而認為她多管閒事。這使她的心裡很不舒服。

有一天，她私自改進了工作流程。主管發現了就帶著情緒責備了她。而她不但不改，反而認為主管有私心，於是就和主管吵翻了，並當場離開辦公室。於是主管就決定嚴懲她。

可是，這位員工堅決不承認自己有錯。接著，這位主管只好把問題報告到總經理那裡。於是，總經理就把這位早有耳聞的業務尖子叫到辦公室談話。

這位總經理並沒有一上來就責備她，而是讓她先敘述事情的經過，並透過和她交談，交換了意見和看法。總經理發現這位員工確實很有想法，她違反的那項工作流程確實應該改進，而且還討論出了許多現行的工作流程和管理制度中存在的不完善之處。

經過一個小時的交談，她被總經理的這種做法感動了。因為總經理能這樣像朋友式的平等地和她交流，而且如此真誠地聆聽她的意見，她感覺受到了重視和尊重，反抗情緒漸漸平息下來，從開始認為主管有錯，到最後承認自己做得也不對。在總經理試探性地詢問下，她也說出了她的錯誤應該受到的處罰程度。

最後，總經理也向她保證一定採用她的建議，改進工作流程。但還是要處罰她的違規行為，這位員工也愉快地接受了。

可見，這位總經理非常聰明。在必須處罰的前提下，他不僅留住了人，也留住了員工的心。

那位員工之所以愉快地接受處罰，最關鍵之處是她認為不正確的問題得到了改進，證明她的意見被採納了，她的才能得到了肯定，自然會感激。朋友式的溝通交談中，她意識到自己做錯了，而不是主管或他人指責她做錯了，當然願意改進。朋友式的平等地交流問題和看法，會使員工有被尊重感、有某種意義上的心理滿足感，員工會感覺到這樣的主管可信賴，能夠解決問題，就會把自己看到的問題幾乎毫不保留地倒出來，這等於讓她積壓已久的意見得到了傾訴，心理的壓抑感解除了，於是心境上變得輕鬆愉快。這樣的處罰，難道不是在幫助員工、肯定員工、激勵員工嗎？這樣解決問題是化消極為積極、化被動為主動、化問題為機遇、化處罰為獎勵、化約束為激勵。

可見，一個企業管理者要管理好有才氣的員工，一定要先處理好他們的叛逆情緒，這樣才更有利於企業的發展。

30

嫉妒解碼

自身的價值來源　是你對自己的正確認識

蕭傑和陳剛同為一家高科技公司的工程師，平時兩個人極為要好，無論在工作上還是生活上，都給予對方很多幫助。

蕭傑的年齡比陳剛長 5 歲，而在公司的年資也比陳剛多 3 年。因此，大家都猜想該是蕭傑先有獲得升遷的機會。但是陳剛為人隨和，工作努力，做事主動，並有豐富的創造力，獲得了上級的注意。後來，陳剛越過蕭傑，被提升為地區業務助理。

陳剛的提升，讓蕭傑嫉妒得兩眼發紅。他沒有帶給陳剛什麼祝福，相反，他幾乎每天都要給陳剛點「臉色」看看。

一天，蕭傑看見陳剛和公司老闆一同從遠處走過來，妒火中燒，高聲對身旁的幾位同事說道：「哼，陳剛那傢伙，要是你問他幾點了，他會跟你說錶是怎麼做的！他表面上是不會說什麼的，不過時間久了，你們就會發現他背後的一些事了！」轉頭看著走近的陳剛，他又悄聲說：「看，來了個『大人物』。」

蕭傑的玩笑並沒有引起共鳴，相反，同事們紛紛向他投射出鄙視的眼神，蕭傑頓時感到臉如火燒，逃也似的離開了同事。

而他怎麼也沒有想到，就在自己嘲弄陳剛時，陳剛正極力向老闆推薦蕭傑。可惜，他的話被老闆聽到了，一切化為泡影。

最後，被嫉妒折磨得近乎崩潰的蕭傑，收拾了自己的東西，離開了這家公司。

無疑，即使蕭傑轉職其他的公司，如果他仍然持有這種心態，不容別人比自己強的話，他依然會待不下去。因為在任何公司，都存在著比他優秀的同事。而蕭傑的這種近乎「病態」的心理，已經徹底地把他包圍，在他和周圍人之間形成了一道屏障，他出不去，別人也進不來，內心的壓力自然會不斷加大。

世界上無奇不有，當你平庸無為、名不見經傳時，很少有人看你幾眼；一旦你嶄露頭角，小有名聲後，馬上處於眾目睽睽之下，至於那目光的成分可就複雜了：羨慕、挑剔、懷疑⋯⋯其中最多的、最令人坐立不安的成分恐怕要數嫉妒了。歌德說：「在人類一切情慾中，嫉妒之情恐怕要算作最頑強、最持久的了⋯⋯嫉妒心是不知道休息的。」

的確，有人的地方就少不了嫉妒。嫉妒存在的廣泛性遠遠超過了我們熟知的範圍。嫉妒的對象也因人而異：男人嫉妒他人的智力優勢；女人嫉妒別人的美貌絕倫；官場上嫉妒他人的青雲直上；市井中嫉妒他人生財有道。當然，同事之間也免不了有嫉妒。該如何戰勝嫉妒這個惡魔，搞好同事關係？這首先需要了解它。

嫉妒是對別人的行為感到不滿的一種思維方式。它產生於自信的缺乏，因為它是由別人引起的活動。嫉妒會導致任何情緒上的低落，真正自信自愛的人，並不會嫉妒，更不會允許嫉妒讓自己心煩意亂。

嫉妒往往是個人才能與意志缺乏的展現。伏爾泰說：「凡缺乏才能和意志的人，最易產生嫉妒。」因為自己技不如人，卻只能用嫉妒的心理去排解心中的不平。一旦任嫉妒心理自由發展，你就會疏遠那些各方面比自己強的人，到頭來不僅會孤立於自己，而且也會阻礙自己的前進。

當然，嫉妒心人人都有，它是一種很正常的情感，也是擁有健康心態的證據。看見自己很想做的事，別人可以輕易地完成，因而出現嫉妒的情緒，這純屬正常且不至於造成別人的困擾。只是，如果你只是一味地嫉妒，讓人生充斥著不滿的情緒，就無法享有快樂的生活。如果將嫉妒的負面情緒轉換成正面，那就成了快樂生活的出發點。

人只會對可以實現的成績嫉妒，反過來說，那些會讓人嫉妒的成績，只要去努力或許是可以實現的。因此，如果你只是在那裡嫉妒卻不努力，是不可能擁有金錢、地位和幸福的。試著把嫉妒轉換成努力的動力，嫉妒對你的人生而言，絕對會產生正面作用。

英國思想家培根說，嫉妒來自我與別人的比較，如果沒有比較就沒有嫉妒。要想消滅嫉妒心，最好的方法是表明自己的目的是在求事功，而不是求名聲。

※

三國時的曹操一方面能招賢納士，但另一方面也對勝過他的人心懷妒忌。曹操手下有位主簿叫楊脩，聰明過人，每每都能猜破曹操的心計。

一次建造相國府，搭好了架子，曹操去看後，讓人在門上寫了一個「活」字。眾人不知曹操什麼意思，楊脩見了，便說：門中「活」，是個「闊」字，曹相國正是嫌門大了。

又有一次，有人送曹操一盒酥餅，曹操嘗了一口便在杯蓋上寫了一個「合」字，命眾人傳看。大家都不知曹操葫蘆裡賣的什麼藥。傳到楊脩那裡，楊脩便打開蓋，吃了一口，然後對旁邊人說：「曹公叫我們『人一口』，這還不明白嗎？」對楊脩的聰明，曹操口上稱讚，「心實惡之」。

後來有次在外征戰，形勢不利，曹操想退兵，心不甘，硬挺著，又無勝利希望。這時值勤官來請示今晚軍中口令是什麼。曹操正在吃雞，便隨口說道：「就定雞肋。」口令傳下去，楊脩便開始整理行裝。旁邊的人很奇怪，說：「又沒下撤退的命令，你為何收拾行裝？」楊脩答道：「雞肋，食之無味，棄之可惜。曹公正在猶豫，我看是要撤退了，早做點準備，免得到時慌忙。」楊脩這麼一說，其他人也開始做準備了。

這事讓曹操知道了，曹操再也容忍不了這個小小主簿竟然比自己聰明，他便以惑亂軍心罪，將楊脩殺了。

有嫉妒心的人，常有一種「危機感」，就是怕別人超過了自己，顯出自己的落後和平庸。因此他們常常盯著別人的缺點，對別人的長處不是視而不見，就是故意詆毀。

日本心理學家詫摩武俊說：「嫉妒會使親密的好友翻臉，雙方都會受到傷害，可以說，它是一種令人無可奈何的感情，象徵著人性的弱點與醜惡的一面。」

有人將容易產生嫉妒心理的人的特點做了如下的劃分和歸納：

- 自己本事不大，能力不強，但是其欲望又極其「旺盛」者。
- 不是依靠自己的真才實學，而是靠關係、靠權術、靠後門、靠整人達到目的者。而且達到目的以後，自己的業績不高，又處心積慮地維護自己的地位、名譽者。
- 心胸狹窄、目光短淺者。
- 有了一定地位，但又唯恐別人超過自己者。
- 好勝心過盛，競爭心理過強，但是動機不純、不擇手段者。

上述所舉各條，更進一步說明了只有加強個人思想意識修養，才能從根本上消除和化解嫉妒。因此，結合每一個人的實際情況，有意識地提高自己的思想修養水準，是消除和化解嫉妒心理的直接對策。

如果你對某人懷有嫉妒之心，可以確定的是，它不僅會傷害到你這些情緒所指的人，而且你所受到的傷害可能更甚於他們。嫉妒就像疾病一樣，它們會在你體內不斷損害、侵蝕你。

雖然妒忌是人普遍的也可以說是天生的缺點，但我們絕不可因此而忽視它的危害。趁著它還只是我們心靈裡的小小「腫瘤」，我們就要趕快診治它，以免讓它發展下去，成為惡性「癌變」。

- **對待賢者要思齊**：一個有道德的人，一個思想純正的人，一個能積極進取的人，當他發現有人比自己做得好，比自己有能力時，從不去考慮別人是否超過了自己，或對別人心生不滿，而是從別人的成績中找出自己的差距所在，從而振作精神，向人家學習。這樣，便有可能在一種積極進取的心理狀態下，迸發出創造性，趕上或超過曾經比自己強的人。這就是古人說的見賢思齊。
- **對待他人要寬容**：一般來說。心胸狹窄的「小心眼」很容易產生嫉妒心理。只有使自己的胸襟開闊，改變器量過小的性格特點，才能時時刻刻清醒地意識到世界是很大的，能人背後有能人，要想自己在一切方面都勝過別人是根本不可能的。一個人如果善於以寬厚的態度對人處事，就必然能夠善於容人。所謂善於容人，就是善於與任何人包括超過自己的人相處。如果能做到這一點，就不會出現事事斤斤計較，唯恐委屈自己的嫉妒心理了。做人無私，胸懷寬廣，坦誠處事，才能淨化自己的心靈，才能真正感受到心底無私天地寬，也才能避免沾染上嫉妒心理之病。
- **對待自己要客觀**：在現實生活中，人們往往會自覺不自覺地滋生嫉妒心理，從而給自己的精神生活帶來煩惱和不安。那麼，從自我修養方面怎樣才能避免和化解嫉妒心理呢？首要的是培養自知之明，以便客觀和公正地評價自己。如果一個人不能正確估價自己，不能客觀地評價別人，那麼他就很難不產生嫉妒心理。而重要的是正確認識自己，因為只有正確認識自己，才能正確認識別人。

培養自知之明，學會正確評價自己，除需要在日積月累中加強各方面修養外，還應注意在嫉妒心理萌發時，或是有一定表現時，能夠積極主動地調整自己的意識和行動，從而自覺控制自己的動機和感情。這就需要冷靜地分析自己的想法和行為，同時客觀地評價一下自己，從而找出一定的差距和問題。當認清了自己後，再重新認識別人，自然也就能夠有所覺悟了。

總之，嫉妒是一種不健康的心理，但如果你想改變它，不是不可能，只要你努力就可以辦到：有見賢思齊的精神，對待他人要寬容，對待自己要客觀，那些可能會不期而至的嫉妒心理便會煙消雲散。你如果能不斷地克服這種不良的心態，你的人格就會不斷地健全，你便會成為一個受人歡迎的人。

※

夫妻間無緣無故地產生嫉妒，那會使你做出傷害夫妻感情的舉止。

夫妻間的一方或雙方很容易嫉妒，那麼他們的婚姻關係就會有許多不良的特點：

- 主僕思想，即一方將另外一方視為自己擁有的財物，而不是一個獨立的自由人。
- 幼稚的想法，即無論他們的舉止對對方有多麼無禮，對方都要無條件地接受。
- 不知道自己嫉妒的行為會使對方產生何種感受。

那麼，如何對待不應該的嫉妒呢？

- **承認自己的職責**：不停地指責自己的伴侶是毫無意義的。別的任何人都不會使你嫉妒 —— 那是由你自己主觀臆想出來的。
- **仔細考慮自己的感受**：把過去與現在連繫起來，並努力找出你情感的根源。如此強烈的情感反應是為了什麼？
- **約束自己的行為**：如果你必須表現出嫉妒，那就只讓自己嫉妒一段時間，20 分鐘就可以了。鼓勵自己的伴侶要強硬，不要容忍那種刨根問底的審訊。

- **要獨立與自信**：培養一種不影響你伴侶的興趣愛好，學會信任而不是控制對方。建立起信心，列出自己伴侶喜歡你的緣由。
- **想像沒有嫉妒的生活**：嫉妒能解決夫妻間的一切問題嗎？你的嫉妒成為憂慮的焦點，引發了其他潛在的問題嗎？
- **向荒謬的思想挑戰**：跟以下想法抗爭，如「他真的喜歡凱茜，他喜歡她要勝於我。他同她發生了私情」。這是「極端的想法」，是「大難臨頭」的絕望情緒。

31

內疚解碼

聰明人記住一次教訓　愚人接受一百次鞭撻

安迪還在大學讀書時，就違背了「你不可偷竊」這條戒律，不久，他又持槍搶劫，被抓獲投入監獄。不久他獲大赦出獄，參加了軍隊。然而，即使在軍隊中，安迪也仍然屢犯「偷竊」的老毛病。

就這樣，安迪在人生的道路上不斷滑下去，但他作案愈久，就愈感到內疚。

剛開始安迪還沒有意識到心裡的內疚 —— 因為他犯罪的自覺意識變得遲鈍了，但是他的下意識心理卻在積累著內疚情緒。

安迪從軍事監獄裡獲釋後，結了婚，搬到加州安了家，在那兒開了一家商店。不幸的是，開店不久，安迪又深深地陷入黑社會去了。

他很快擁有了一輛價值 9,000 美元的汽車，並在郊區擁有一幢漂亮房子。為此，妻子與他發生了爭吵。希望他說出錢的來路。但安迪不肯說，妻子感到很傷心。為安慰妻子，他開車帶妻子去海濱。路上他們碰上了交通阻塞，被迫與幾百輛汽車一起駛進一個停車場。

「啊，看呀，安迪。」愛麗絲說，「那是格拉漢！我們去聽他講演吧，這可能蠻有意思呢。」

安迪就與妻子一起走了過去。但剛坐下不久，他就變得十分煩躁不安。他覺得格拉漢似乎在直接對他講話，良心使安迪感到不安了。

「如果一個人獲得了整個世界，卻失去了他的靈魂，這對他有什麼好處呢？」接著格拉漢又說：「這兒有一個人，他聽到這些話時，受到良心的譴責，他想要離開他的老路，卻未做出決定。但這將是他最後的機會。」

「他最後的機會！」這句話使安迪大吃一驚。這位教士的意思是什麼呢？

安迪想正在發生什麼事，為什麼他總想哭呢。他對妻子說：「我們走吧，愛麗絲。」

愛麗絲順從地走向停車的方向，但安迪抓住她的一隻手臂，把她的身子轉過來。「不，親愛的，走這邊……」

從此以後，安迪完全改變了他的生活。

一個人具有內疚感，多少表現出他對做錯事情的承認，這是好的。每個活著的人，不管其多麼好與壞，都會體驗到這種內疚情緒，這種情緒是一種「悄然的小聲音」對你說話的結果，這種「悄然的小聲音」就是你的良心。

現在讓我們想想：如果一個人做錯了事情，卻沒有一點內疚之感，那他會怎樣呢？如果一個人在鑄成大錯後沒有內疚的感覺。他就不能辨別是非，或者不了解其行為的是非標準。人的有些內疚情緒是遺傳而來的，而另一些則是在生活中獲得的。我們知道，處在不同環境中的人可能具有不同甚至相反的道德標準，但是，在每一種場合下，人們的行為都會受到某一特定的道德標準的約束，如果違背了這一標準，他就會感到內疚，或者受到他人的指責。

對於我們來講，內疚悔恨的形成也有其深刻的社會根源。其主要原因在於：如果你不感到悔恨，就會被人看作是「缺乏良知」；如果不感到內疚，就會被認為「不近情理」。這一切都涉及到你是否關心他人。如果你確實關心某人或某事，那麼你就會為自己所做的錯事感到內疚、悔恨，或者關注其將來。這無異於表明，如果你是一個有責任感的人，就必須表現出神經機能病的症狀，從而採取措施做出改變。

內疚情緒能使你經常為他人著想，體諒別人，這是我們每個人應有的品德。

當一個人剛剛生下時，他很少注意到別人是否舒適和便利，自己想要什麼就要什麼；當他逐漸長大時，他會慢慢意識到，這一世界上還有別的人活著，自己必須要顧及他人的存在。我們每個人都有自私的一面，當我們了解到自私是一種不良的品行時，就會產生一種內疚的刺痛。

當然內疚情緒並不完全是壞事，它能激勵具有德行的人產生一種美好的思想和行為。但是，並非每種內疚都能產生良好的結果。內疚悔恨情緒只有配合積極的心態才會有良好的促進作用，當一個人產生內疚，卻又不用積極的心態去面對時，這就會產生一種有害的結果。

過度的內疚情緒就像是罩在心靈上的蜘蛛網，蒙蔽自己的心靈，毀壞自己的身體，摧殘自己的精神，或者用其他方法殘害自己，以贖清所犯下的罪過。

許多人在生活中不同程度地受到內疚情緒的影響，而導致精神憂鬱。從精神分析的角度看，內疚是導致憂鬱的主要情緒根源，它實際上是指向自我的憤怒與不滿。長期受內疚感折磨的人會產生各種心理障礙，嚴重影響身心健康。

有個青年在一次正當防衛中，失手打死了一個酒後無理取鬧的人。雖然他明白自己並沒有錯，可他一想到醉鬼撇下的孤兒寡母，便覺得自己罪大惡極。內疚情緒更像毒蛇一樣吞噬著他的身心。背負著「良心的譴責」，青年整日鬱鬱寡歡，不到 3 年，他便不堪折磨，一命嗚呼了。

面對可怕的內疚情緒陷阱，你必須學會克服，給自己以走出內疚陰影的勇氣和信心，如此才不會導致心理上的僵化和變異。

要清除內疚情緒，我們需要遵循這樣的步驟：

首先，當你聽到可能改變你生活的忠告、演講時，你要好好地傾聽。然後，你就不難對你所做的錯事由衷地感到慚愧，也不難做出真誠的懺悔。

你必須邁出前進的第一步，這很重要。當安迪邁出那一步時，就等於

「公開宣布」，他已對他的過去感到慚愧，現在準備改變他的生活了。

還有，你必須邁出前進的第二步，立即開始糾正每一個錯誤，而不是被內疚折磨著死去。

對於那些內疚的事情，唯一應該做的是忘記它們，埋葬它們，並且不要讓它們進入到你的意識之中。

※

最近，詹森感到非常的沮喪和消沉。由於他在工作中有幾個地方計算錯誤，使他沒有做成一項相當重要的工程生意。這使他十分內疚，而且影響他很多天了。因此，他無法像往常那樣正常工作了。於是他找了一位著名的心理醫生來諮商。

醫生聽了他的敘述後，並沒有說什麼，只是從一個硬紙盒裡拿出一捲錄音帶，塞進答錄機裡。「在這捲錄音帶上，」他說，「一共有 3 個來看我的人所說的話。我要你注意聽他們的話，看看你能不能挑出支配這 3 個案例的共同因素，只有 4 個字。」

在詹森聽起來，錄音帶上這 3 個聲音共有的特點是不快活。第 1 個是男人的聲音，顯示他遭到了某種生意上的損失或失敗。第 2 個是女人的聲音，說她因為照顧寡母的責任感，以至於一直沒能結婚，她心酸地述說她錯過了很多結婚的機會。第 3 個是一位母親，因為她十幾歲的兒子和員警有了衝突，而她一直在責備自己。

醫生關掉了答錄機，仰靠著他的椅子。「在這捲錄音帶中，他們一共有 6 次用到了這 4 個字，而這個詞正是不顯眼的毒藥。你聽出來了嗎？沒有？好，我現在就給你看看。」他拿起裝錄音帶的盒子，丟過來給詹森。「這 4 個字就在盒子的標籤上，是任何語言中最令人悲哀的 4 個字。」

詹森向下看到用紅墨水寫得很清楚的 4 個字：「如果，只要。」

「你一定大感驚奇。」醫生說，「你知道我坐在這張椅子裡，聽到成千上萬用這幾個字做開頭的內疚的話。他們不停地說，直到我要他們停下來。有的時候我會要他們聽剛才你聽的錄音帶，我對他們說：如果，只要你不再說如果、只要，我們或許就能把問題解決掉！」醫生伸伸他的腿。「用『如果，只要』這4個字的問題，」他說，「是因為這幾個字不能改變既成的事實，卻使我們朝著錯誤的方面向後退而不是向前進，並且只是浪費時間。最後，如果你用這幾個字成了習慣，那這幾個字就很可能變成阻礙你成功的真正障礙，成為你不再去努力的藉口。」

「現在就拿你自己的例子來說吧。你的計畫沒有成功。為什麼？因為你犯了一些錯誤。那有什麼關係！每個人都犯錯誤，錯誤能讓我們學到教訓。但是在你告訴我你犯了錯誤，而為這個遺憾、為那個懊悔的時候，你並沒有從這些錯誤中學到什麼。」

「你怎麼知道？」詹森帶著一點辯護地說。

「因為你沒有脫離過去式，你沒有一句話提到未來。從某些方面來說，你十分誠實，你內心裡還以此為樂。我們每個人都有一點不太好的毛病，喜歡一再討論過去的錯誤。因為不論怎麼說，你在敘述過去的災難或挫折的時候，你還是主要角色，你還是整個事情的中心人。」醫生笑著說道。

詹森慚愧地搖搖頭。「那麼，有什麼補救方法沒有？」

「轉變重點，」醫生立刻說，「以振奮的詞句取代那些令人退縮的洩氣話。」

「你能提出一些這類的詞句嗎？」

「當然。不要再用『如果，只要』，用『下次』來代替。」醫生繼續說：「你可以想像，就在這個房間裡，我看到這兩個字創造出的奇蹟。只要病人不停地說『如果，只要』，他就有不妥當的地方。但是當他看著我的眼睛說『下次』的時候，我知道他已經走上了克服問題的道路。這表示，他會把懊悔的障礙推到一邊，向前進，採取行動，繼續生活。你自己試試看，你就會明白了。」

聽完這些，詹森感激地點點頭，他知道自己應該怎麼做了。

為什麼讓那些過失、羞恥和錯誤繼續纏繞著你呢？難道它不是已經很大程度上加深了你的皺紋，壓歪了你的肩膀嗎？難道它不是已經帶走了你的歡笑，帶走了你生活中的樂趣，並使你的步伐失去了活力嗎？難道它不是已經讓你傷心，使你的頭髮日漸稀少和日益花白，使你變得過於嚴肅而早衰嗎？為什麼還繼續讓它帶走你體內的更多東西呢？為什麼不把它從你的生活中趕走，把它從你記憶的石板上抹去，並且徹底忘記呢？為什麼讓你的過去來破壞你的未來呢？隨它去吧！

※

許多不快的經歷，我們是無可逃避的，也是無所選擇的。我們只能接受已經存在的事實做自我調整，內疚不但可能毀了自己的生活，而且也許會使自己精神崩潰。

荷蘭阿姆斯特丹有一座 15 世紀的教堂遺跡，有這樣一句讓人過目不忘的題詞：「事必如此，別無選擇。」命運中總是充滿了不可捉摸的變數，如果它給我們帶來了快樂，當然是很好的，我們也很容易接受。但事情卻往往並非如此。有時，它帶給我們的會是可怕的災難，這時如果我們不能學會接受它，如果讓災難主宰了我們的心靈，那生活就會永遠地失去陽光。

一位很有名氣的心理學教師，一天給學生上課時拿出一個十分精美的咖啡杯，當學生們正在讚美這個杯子的獨特造型時，教師故意裝出失手的樣子。咖啡杯掉在水泥地上成了碎片，這時學生中不斷發出了惋惜聲。教師指著咖啡杯的碎片說：「你們一定對這個杯子感到惋惜，可是這種惋惜也無法使咖啡杯再恢復原形。今後在你們生活中發生了無可挽回的事時，請記住這只破碎的咖啡杯吧。」

這是一堂很成功的素養教育課，學生們透過摔碎的咖啡杯懂得了這樣一個道理：人在無法改變失敗和不幸的厄運時，要學會接受它，適應它。

每個人都曾做出錯誤的判斷。人只有在回頭看望時，才知道自己錯了。過去的已無法改變，我們只能活在現在。錯過了就不要內疚，內疚不能改變現實。因此，我們該斬除「如果」的想法，集中心力於「為現在而活」的事實狀況，並自我追問：「我能從那個人或那件事中學到什麼」，或者「其中是否潛藏什麼轉機」，那麼，你將會得到更圓滿的成長。你為此付出了汗水，你將會擁有更加美好的人生。

我對活著這件事過敏：
邪惡思想、報復心態、偏執行為？透過心理學詮釋 31 種情緒壓力，找回崩潰前的自己

作　　者：紫合
發 行 人：黃振庭
出 版 者：崧燁文化事業有限公司
發 行 者：崧燁文化事業有限公司
E-mail：sonbookservice@gmail.com
粉 絲 頁：https://www.facebook.com/sonbookss/
網　　址：https://sonbook.net/
地　　址：台北市中正區重慶南路一段六十一號八樓 815 室
Rm. 815, 8F., No.61, Sec. 1, Chongqing S. Rd., Zhongzheng Dist., Taipei City 100, Taiwan
電　　話：(02)2370-3310
傳　　真：(02)2388-1990
印　　刷：京峯彩色印刷有限公司（京峰數位）
律師顧問：廣華律師事務所 張珮琦律師

定　　價：375 元
發行日期：2023 年 04 月第一版
◎本書以 POD 印製

國家圖書館出版品預行編目資料

我對活著這件事過敏：邪惡思想、報復心態、偏執行為？透過心理學詮釋 31 種情緒壓力，找回崩潰前的自己 / 紫合著 . -- 第一版 . -- 臺北市：崧燁文化事業有限公司, 2023.04
面；　公分
POD 版
ISBN 978-626-357-267-6(平裝)
1.CST: 壓力 2.CST: 抗壓 3.CST: 生活指導
176.54　112003892

電子書購買

臉書